Thomas Muschal

Existenzialismus und Medien –
Überlegungen zum Filmerlebnis im Anschluss an Jean-Paul Sartre

BODY-FEELING UND BODY-BILDUNG

Herausgegeben von Cornelia Muth und Annette Nauerth

ISSN 1867-6243

1 *Sigrid Schrage*
Menschenbild und Leiblichkeit
Eine philosophisch-anthropologische Studie nach der Phänomenologie Merleau-Pontys
ISBN 978-3-89821-932-7

2 *Thomas Muschal*
Existenzialismus und Medien
Überlegungen zum Filmerlebnis im Anschluss an Jean-Paul Sartre
ISBN 978-3-8382-0038-5

Thomas Muschal

EXISTENZIALISMUS UND MEDIEN

Überlegungen zum Filmerlebnis im Anschluss an Jean-Paul Sartre

ibidem-Verlag
Stuttgart

Bibliografische Information der Deutschen Nationalbibliothek
Die Deutsche Nationalbibliothek verzeichnet diese Publikation in der Deutschen Nationalbibliografie; detaillierte bibliografische Daten sind im Internet über http://dnb.d-nb.de abrufbar.

Bibliographic information published by the Deutsche Nationalbibliothek
Die Deutsche Nationalbibliothek lists this publication in the Deutsche Nationalbibliografie; detailed bibliographic data are available in the Internet at http://dnb.d-nb.de.

Coverbild: © Hofschlaeger / PIXELIO

∞

Gedruckt auf alterungsbeständigem, säurefreien Papier
Printed on acid-free paper

ISSN: 1867-6243

ISBN-10: 3-8382-0038-1
ISBN-13: 978-3-8382-0038-5

Printed in Germany

Vorwort der Herausgeberinnen

Der Leib, unser Körper, spiegelt die Haltung zur Welt und zum Mitmenschen wider. Wie frei und verantwortungsvoll sie im Umgang mit Filmen, im Filmerlebnis, sein kann, untersucht Thomas Muschal anhand verschiedener Wahrnehmungskonzepte. Er bezieht sich insbesondere auf Maurice Merleau-Ponty und Jean-Paul Sartre.
Pädagogisch bedeutsam sind Muschals existenz-phänomenologischen Reflexionen deswegen, weil sie zeigen, wie mediale Wahrnehmungen vom jeweiligen Subjekt abhängen und welchen Wirkungsraum Bildung dabei beansprucht. Letztere kann, so schreibt Muschal, zu einem „umfassenderen Engagement des Bewusstseins" führen, und zwar „eines Bewusstseins als Verweis auf etwas anderes als sich selbst".
Das vorliegende Buch ist jedoch nicht nur für PädagogInnen interessant, sondern auch für echte Cineasten!

Berlin, Januar 2010

Cornelia Muth & Annette Nauerth

Inhalt

I. Einleitung

Pädagogik ganz allgemein definiert sich über Ideen, wie der Mensch ist bzw. über Ziele, wie er sein soll, einem Ideal gleich, welches sich durch die Erziehung realisiert sehen möchte. Dieses Ideal bezieht sich auf die jeweilige historische Epoche und die mit ihr zusammenhängende Ästhetik, die ihre je eigenen und spezifischen Anforderungen an das Leben der Menschen stellt. Das in der Erziehung vermittelte Ideal findet seinen Ausdruck im persönlichen Selbstverständnis bzw. Selbstkonzept, in der Übernahme oder Ablehnung verschiedener Ideen. Folglich beinhaltet es eine Positionierung gegenüber dem Menschen und mit ihm, als Teil der Welt, ebenso einen Standpunkt ihr gegenüber. So muss sich jede mögliche Position im pädagogischen Kontext als Haltung gegenüber bzw. als Handlung in der Welt ausweisen können und verweist auf die Individualität der Person. Sobald ein Ideal des Menschen angenommen wird, beschließt dieses eine Rechtfertigung des Standpunktes. Im gesellschaftlichen Kontext schafft die Pluralität der Positionen so einen Diskurs, der sich aus verschiedenen Ideen speist, die sich begründen müssen. Verschiedene Konzepte werden im Dialog anhand von einem bestimmten Konsens abgeglichen, der sich jeweils auf Macht[1] gründet. Macht ist also ein reflexiver Begriff, der aufgrund verschiedener Mittel durchsetzbar ist. Die Vermittlung bestimmter Positionen findet sich unter Anderem in den Medien, sodass in der heutigen Zeit erwartet wird, sich diesen gegenüber kompetent zu verhalten, sich ihnen gegenüber in einer bestimmten Weise zu positionieren. Was bedeutet Kompetenz nun in Bezug auf das Filmerlebnis?

Die vorliegende Studie wird sich im Folgenden mit der existenz-philosophischen Position Jean-Paul Sartres befassen, welche auf Begriffen der Freiheit und Verantwor-

[1] Machtbeziehungen werden durch verschiedene (situative) Faktoren konstituiert. Eine Klassifikation nach French/Raven unterscheidet verschiedene Arten von Macht in „Macht durch Belohnung (reward power: die – perzipierte - Fähigkeit des Machtinhabers, zu belohnen), Macht durch Zwang (coercive power: die – perzipierte – Fähigkeit des Machtinhabers zu bestrafen), Macht durch Legitimation (legitimate power: auf Normen oder Vereinbarungen basierendes Recht, ein bestimmtes Verhalten zu fordern), Macht durch Identifikation (referent power: Erfüllung von Erwartungen, weil sich die Person mit dem Machtinhaber/ der Machtinhaberin identifiziert), Macht durch Sachkenntnis (expert power: auf zugeschriebenem Wissen und Können beruhende Einwilligung) und Macht durch Information (information power: auf über den Machtinhaber zugängliche Informationen beruhende Einwilligung).“ (Wenninger, Gerd (Red.): Lexikon der Psychologie. In fünf Bänden. Bd. 3. Heidelberg, Berlin 2001, S. 2) Hier sei angemerkt, dass sämtliche Zitate dieser Studie den angegebenen Stellen in orthographisch identischer Weise entnommen sind. Ebenso sind keine ungekennzeichneten Hervorhebungen eingefügt worden.

tung des Menschen gründet. Kompetenz im Umgang mit Filmerlebnissen soll sich im Anschluss daran in der Ordnung des Erfahrenen in bestimmten Begrifflichkeiten manifestieren. Diese Position muss sich ebenso dem gesellschaftlichen Diskurs unterwerfen und die ihr entgegenstehenden Positionen sind vielfältig[2]. Als wichtig erachten wir allerdings, dass sich mit der Sartreschen Philosophie eine Möglichkeit bietet, das filmische Erlebnis durch Begriffe zu bereichern, die eine Reflexion über den Einfluss der Medien anregen können.

Die hier vertretene Position versteht sich selbst als humanistisch[3], indem sie eine Ontologie formuliert, die Möglichkeiten aufzeigt, sich der eigenen Freiheit und Verantwortung begrifflich bewusst zu werden. Im pädagogischen Kontext verweist sie in gleichem Maße auf die Freiheit der Erziehungsperson wie auf die des Klienten. „Die Funktion von Sartres Freiheitsbegriff besteht gewissermaßen darin, eine menschliche Existenzmöglichkeit gedanklich bis zu dem Punkt zu radikalisieren, an dem sie zum permanenten Stachel in unserem eingespielten Selbstverständnis wird."[4] Die Überlegungen, die nach Sartre grundlegend für das menschliche Erleben (in) der Welt sind, sollen hier auf das Filmerlebnis bezogen werden, was von ihm nicht explizit formuliert worden ist. Sie können und sollen im Rahmen dieser Studie lediglich als Anregungen und vorläufige Hypothesen verstanden werden, die eine weitere Diskussion und Ausformulierung des Themas erforderlich machen, um anschließend einen Beitrag des pädagogischen Dialoges[5] darstellen zu können. Die vorliegende Studie wird

[2] Einige Beispiele der kritischen Auseinandersetzung mit dem Werk Sartres finden sich bei Merleau-Ponty, Maurice: Der Streit um den Existenzialismus. In: Merleau-Ponty, Maurice: Sinn und Nicht-Sinn. München 2000, S. 94-110; Dillon, M.C.: Perception after Husserl. In: Embree, Lester (Hrsg.): Encyclopedia of Phenomenology. Dordrecht 1997, S. 513-517; Whitford, Margaret: Merleau-Ponty's critique of Sartre. An interpretative account. In: Toadvine, Ted (Hrsg.): Merleau-Ponty. Critical Assessments of Leading Philosophers. Bd. 1. Abingdon 2006, S. 294-306; Daniels, Graham: Sartre and Merleau-Ponty. An existential quarrel. In: Toadvine, Ted (Hrsg.): Merleau-Ponty. Critical Assessments of Leading Philosophers. Bd. 1. Abingdon 2006, S. 267-280.

[3] Vgl. Sartre: Der Existenzialismus ist ein Humanismus. In: von Wroblewsky, Vincent (Hrsg.): Jean-Paul Sartre: Philosophische Schriften 1. Der Existenzialismus ist ein Humanismus, Materialismus und Revolution, Selbstbewusstsein und Selbsterkenntnis und andere philosophische Essays 1943-1948. Bd.4. Reinbeck bei Hamburg 1994.

[4] Honneth, Axel: „Stachel im Fleisch der Philosophie" in: Frankfurter Rundschau, 21.06.2005 zitiert in Lommel, Michael: Sartre und... Elemente zur Einleitung. In: Lommel, Michael (Hrsg.): Sartre und die Medien. Bielefeld 2008, S. 15.

[5] Der hier formulierte Ansatz muss sich auf eine individuelle Definition von Erziehung stützen, da er sonst, wie sich später zeigen wird, seinen eigenen Prämissen widersprechen würde. Er kann somit nicht direkt im pädagogischen Kontext angesiedelt werden. Vielmehr kann sich die Diskussion erst im Anschluss an die Ausführungen formieren. Eine solche findet sich bspw. formuliert bei: Blech, Thomas: Bildung als Ereignis des Fremden. Freiheit und Geschichtlichkeit bei Jean-Paul Sartre. Marburg 2001.

sich im Sinne einer Darstellung der Hypothesenbildung verstehen und sich somit darauf beschränken, ebendieses Ziel zu verfolgen.

Die Struktur dieses Vorhabens gestaltet sich folgendermaßen: Im ersten Teil der Arbeit wird entlang der Sartreschen Ontologie als Explikation der Prämissen die grundlegende Freiheit und Verantwortung mit ihren Implikationen bestimmt. Anschließend folgen existenz-phänomenologische Ausführungen zur Wahrnehmung im Allgemeinen, welche zusammen mit Überlegungen zum Filmerlebnis die Basis legen werden für die daran anschließende Konklusion, das Filmerlebnis begrifflich in Sartrescher Terminologie zu bestimmen, um abschließend einen Kompetenzbegriff formulieren zu können.

Notwendig erscheint uns diese Darlegung, da sie, ausgehend von den konkret formulierbaren Prämissen der Freiheit und Verantwortung durch das Mittel der Logik im Machtgefüge der pädagogischen Diskussion hilfreiche Anregungen geben kann.

II. Jean-Paul Sartres Ontologie

1. Geistesgeschichtliche Wurzeln

1.1 Einleitung

Um die hier vertretene existenz-philosophische Position angemessen zu erläutern und ihre Sonderstellung, und somit die Motivation dieser Studie herauszuheben, soll anfangs auf verschiedene geistesgeschichtliche Wurzeln Jean-Paul Sartres eingegangen werden. Dies kann hier nur in begrenztem Umfang geschehen und muss somit zwangsläufig in stichwortartigem Charakter verharren. Weitere wichtige und interessante Positionen, die sich auf diese Thematik beziehen, müssen leider ausgelassen werden.[6] Da Sartre sich in seinem philosophischen Hauptwerk „Das Sein und das Nichts" vor allem mit Descartes, Husserl, Heidegger und Hegel beschäftigt und versucht ihre Positionen in einer neuen Weise zu vereinen, soll dies im Verlauf der Arbeit an gegebenen Stellen angedeutet werden.

Die folgenden einführenden Überlegungen dienen als Grundlage der sich aus ihnen formenden Philosophie, die hier den Bezugspunkt der Untersuchung darstellt.

1.2 Zur Phänomenologie

Anfang des 20. Jahrhunderts entstand die philosophische Strömung der Phänomenologie als eine von Edmund Husserl[7] formulierte Kritik an den seinerzeit sehr erfolg-

[6] Zur vertiefenden Betrachtung der geistesgeschichtlichen Wurzeln des Werkes Sartres siehe besonders: Dandyk, Alfred: Unaufrichtigkeit. Die existentielle Psychoanalyse Sartres im Kontext der Philosophiegeschichte. Würzburg 2002, und Lévy, Bernard-Henry: Sartre. Der Philosoph des 20. Jahrhunderts. München 2005.

[7] Nach Zahavi, Dan: Phänomenologie für Einsteiger. Paderborn 2007, und Seibert, Thomas: Existenzialismus. Hamburg 2000, ist Husserl der Begründer der Phänomenologie. Bei Lembeck, Karl-Heinz: Einführung in die phänomenologische Philosophie. Darmstadt 1994, hingegen wird ein weiterer Horizont der phänomenologischen Geschichte geöffnet, der den Ursprung der Phänomenologie implizit unter anderem bereits bei Hegel findet. Festzuhalten gilt es, Husserls Überlegungen als

reichen Naturwissenschaften, deren positivistische Strömungen darauf abzielten, die Philosophie lediglich als eine Hilfswissenschaft für die Naturwissenschaften zu betrachten. Die zugewiesene Aufgabe der Philosophie innerhalb der Wissenschaften wäre in dieser Funktion lediglich die Sprachanalyse, um „unsinnige Fragen zu vermeiden und im Sinne der Naturwissenschaften nichtverifizierbare Aussagen zu unterdrücken."[8] Bestimmte Aussagen und Erscheinungen würden demnach in diesem Verständnis von Wissenschaft keine Erwähnung finden können, obwohl sie vorhanden wären, gerade weil sie widersprüchlich sind. Der Leitsatz der phänomenologischen Strömung lautete demnach auch, den Fokus wieder auf die Sachen selbst zu legen, also das tatsächlich Gegebene zu betrachten.

> „Phänomenologie ist Transzendentalphilosophie, die die Thesen der natürlichen Einstellung, um sie zu verstehen, außer Kraft setzt – und doch eine Philosophie, die auf nichts anderes abzielt, als diesem naiven Weltbezug nachzugehen, um ihm endlich eine philosophische Satzung zu geben."[9]

Vielmehr soll sich von jeglichen Vorurteilen und Voreingenommenheiten, beispielsweise den Kausalerklärungen der Naturwissenschaften befreit werden, denn die wissenschaftliche Erkenntnis des Abstrakten bleibt immer sekundär, sie bezieht sich auf die ihr voraus liegende, existierende Welt. Zusammengefasst findet sich dies bei Merleau-Ponty:

> „Gehe ich, alle Dogmen des gemeinen Verstandes wie auch der Wissenschaft hinter mir lassend, zurück auf mich selbst, so ist, was ich finde, nicht eine Heimstätte innerer Wahrheit, sondern ein Subjekt, zugeeignet zur Welt."[10]

Der so formulierte Anspruch dieser Strömung findet seinen Ausdruck bei Husserl im „reinen Phänomen"[11]; die sich daran anschließende wissenschaftliche Forschung trägt den Namen der Phänomenologie.

Grundlage des hier formulierten Phänomenbegriffes zu verwenden, auf den sich im Weiteren bezogen wird.

[8] Dandyk (2002) S. 15.

[9] Merleau-Ponty, Maurice: Phänomenologie der Wahrnehmung. Berlin, 6. Auflage, 2008, S. 3.

[10] Ebd. S. 7. Der hier verwendete Subjektbegriff, wie der Übersetzer anmerkt, hat im französischen Sprachgebrauch des Wortes „sujet" nicht die substanzielle Konnotation, die es im Deutschen besitzt, sondern im Gegenteil, etwas, was eine Gestaltung erfährt oder einer Bestimmung unterliegt.

[11] Vgl. Dandyk (2002) S. 15 sowie Zahavi (2007) Kap. 1.

Der Begriff des Phänomens wird nach Husserl verstanden als die Art und Weise der Erscheinung eines beliebigen Gegenstandes. So

> „lässt sich die Phänomenologie (...) als eine philosophische Analyse der verschiedenen Erscheinungsweisen der Gegenstände begreifen und im Anschluss daran als eine reflexive Untersuchung der Verstehensstrukturen, die es den Gegenständen ermöglichen, sich als das zu zeigen, was sie sind.“[12]

Die Phänomenologie bestimmt ihren Untersuchungsgegenstand demnach in einem Untrennbaren aus wahrgenommenem Gegenstand und wahrnehmender bzw. erkennender Instanz. Mit der Evidenz[13] formuliert sie das intuitive Sehen des Gegebenen als erkenntnistheoretische Grundlage.

> „Die klare und deutliche Wahrnehmung des Gegebenen ohne Vorurteile und ohne Hinzufügen ist das Ideal der phänomenologischen Erkenntnis. Denn die Gewissheit der Erkenntnis beruht für Husserl letzten Endes auf der Selbstgegebenheit des Bewusstseins. Diese Selbstgegebenheit ist für ihn die letzte Norm der Gewissheit, und diese Selbstgegebenheit zu leugnen hieße für ihn, jedes Grundmaß der Erkenntnis überhaupt zu leugnen.“[14]

Anders formuliert finden wir diese Prämisse bei Lembeck (1994):

> „[D]ie Tatsächlichkeit [der Natur, der Gegenstände etc. T.M.] ist nicht weiter erklärbar, weil ihre empirische Gegebenheit über Empfindungsprozesse zustande kommt, die ihrerseits von nicht-hinterfragbarer Ursprünglichkeit sein solle.“[15]

---

[12] Zahavi (2007) S. 13.

[13] Evidenz wird hier verstanden als die „Einsichtigkeit von etwas, das aus der Sache heraus einleuchtet und sich uns (...) unmittelbar, schlagartig, intuitiv und als gewiss in seiner Gegebenheit zeigt.“ (Prechel, Peter (Hrsg.): Metzler-Philosophie-Lexikon. Begriffe und Definitionen. Stuttgart 1991, S. 167)

[14] Dandyk (2002) S. 16.

[15] Lembeck (1994) S. 8.

1.3 Das „cogito" René Descartes

Eine Gemeinsamkeit neben vielen Verschiedenheiten, die sich in Husserls und Sartres phänomenologischem Ansatz finden, ist die Ablehnung einer kausalen wissenschaftlichen Erklärung des Menschen, gerade weil für sie eine intuitive Wahrheit existiert, die nicht als Wirkung einer bestimmten Ursache betrachtet werden kann. Die Wissenschaft vom Menschen muss sich also anderen Prämissen und Methoden bedienen als es die Naturwissenschaften implizieren.

Den gemeinsamen Ausgangspunkt ihrer Überlegungen finden beide Philosophen bei René Descartes. Descartes hat in der Betrachtung der Möglichkeiten wissenschaftlicher Erkenntnis die Wahrnehmung und das Denken untersucht. Diese Grundlagen der Erkenntnis sollen nicht ohne Weiteres hingenommen werden, denn sie könnten einer Täuschung unterliegen, sie müssen hinterfragt werden. Im Zweifeln an der Erkenntnisfähigkeit hat er den Zweifel in einer radikalen Form selbst betrachtet. So stieß er auf das Phänomen der Selbstgegebenheit des Zweifels und folglich auf die Gewissheit des nicht bezweifelbaren Zweifels. Ausgehend von diesem Sachverhalt erkannte Descartes, dass auch etwas Weiteres gegeben ist - etwas, dem der Zweifel präsent, „gegeben" ist, das (Bewusstseinserlebnis des) „Ich denke", das *cogito*. Descartes folgerte daraus für die Existenz des Ich: *cogito ergo sum*. Nach Husserl und Sartre ist dies aber nicht zulässig, denn aus einem Phänomen, dem des Zweifels, lässt sich nicht auf eine denkende Substanz, auf ein „Ich bin" schließen, wie es bei Descartes zu finden ist, denn der Übergang von einer Gattung, der des denkenden Bewusstseins als Erscheinung zu einer anderen, dem Sein, ist zu vermeiden.[16] Descartes gründet somit die Erkenntnis auf einer Substanz, dem Ich, einem Sein, doch ist keinesfalls bewiesen, dass es sich bei dem Bewusstsein des Denkens um eine Substanz handelt.

Die Husserlsche Phänomenologie versucht anhand dieses Problems nun, um den Cartesianischen Fehlschluss zu vermeiden, vorrangig zu beschreiben als zu erklären. Die Strategie liegt hier in der Einklammerung von Existenzurteilen, welche nicht das reine Phänomen betreffen.

Für Sartre ist allerdings von größter Wichtigkeit, dass in der phänomenologischen Analyse, gerade weil sie existentiell ist (das heißt weil sie ihren Grund in der Existenz, im Gegebenen, in der konkreten Situation und somit zwangsweise im Sein fin-

[16] Nach Dandyk (2002) S. 16.

det, welches sich im Phänomen manifestiert) immer auch die Frage nach dem Grund des Existierenden, dem Sein gestellt werden muss.
Bevor wir uns im Sinne Sartres der Frage nach dem Sein nähern wollen, um das Fundament dieser Untersuchung zu erfassen, sollen vorerst einige allgemeine, grundlegende Begriffe, die sich aus diesem existenz-phänomenologischen Ansatz ergeben, bestimmt und erfasst werden.

1.4 Das Bewusstsein bei Edmund Husserl

Das Bewusstsein, bei Descartes noch ausschließlich als *cogito,* als „Ich denke" formuliert, bildet die Grundlage der phänomenologischen Analyse. Es ist jenes, welches als Zeuge auftritt, für den Zweifel, für einen Gegenstand etc. Husserl schreibt:

> „So ist überhaupt jedes Bewußtseinserlebnis in sich selbst Bewußtsein von dem und dem, wie immer es mit der rechtmäßigen Wirklichkeitsgeltung dieses Gegenständlichen stehen mag (…) jedes cogito, jedes Bewußtseinserlebnis, so sagen wir auch, meint irgend etwas und trägt diese Weise des Gemeinten in sich selbst sein jeweiliges cogitatum, und jedes tut das in seiner Weise. Die Hauswahrnehmung meint ein Haus, genauer als dieses individuelle Haus, und meint es in der Weise der Wahrnehmung, eine Hauserinnerung in der Weise der Erinnerung, eine Hausphantasie in der Weise der Phantasie; ein prädikatives Urteilen über ein Haus, das etwa wahrnehmungsmäßig *dasteht,* meint es eben in der Weise des Urteilens, wieder in neuer Weise ein hinzutretendes Werten usw. Bewußtseinserlebnisse nennt man auch i n t e n t i o n a l e, wobei aber das Wort Intentionalität dann nichts anderes als diese allgemeine Grundeigenschaft des Bewußtseins, Bewußtsein v o n etwas zu sein, als cogito sein cogitatum in sich zu tragen, bedeutet."[17]

So lässt sich ganz allgemein formulieren: Die „Realität des Gegenstandes"[18] liegt für ein wahrnehmendes, erfahrendes, sich erinnerndes und denkendes Bewusstsein in dessen Erscheinung.

> „Die Welt ist das Korrelat von Bewußtseinsleistungen. Die Sinnstiftungen des Bewußtseins ermöglichen erst das Verstehen der Welt in Bedeutungsdimensionen und hinsichtlich ihres Gestaltungscharakters als etwas Existierendes."[19]

---

[17] Strasser, Stephan (Hrsg.): Husserl, Edmund. Husserliana. Cartesianische Meditationen und Pariser Vorträge. Bd.1. Dordrecht 1950, S. 71-72.
[18] Zahavi (2007) S. 15.

Für Sartre ist mit dem Husserlschen Begriff des Bewusstseins allerdings noch kein Weltbezug gegeben, vielmehr kann die Welt eine Illusion sein, in der nichts gewiss ist, alles bezweifelt werden kann, wie es bereits Descartes formulierte.[20] Eine Hilfestellung, dem fundamentalen Zweifel einer illusorischen Welt zu entgehen, findet Sartre bei Heidegger im Begriff des In-der-Welt-seins.
Im Weiteren werden wir aber auf diesem Bewusstseinsbegriff, als Basis der phänomenologischen Analyse aufbauen. So schreibt Sartre:

> „Der erste Schritt einer Philosophie muß (...) darin bestehen, die Dinge aus dem Bewußtsein zu verbannen und dessen wahres Verhältnis zur Welt wieder herzustellen, daß nämlich das Bewußtsein setzendes Bewußtsein *von der* Welt ist."[21]

1.5 Das In-der-Welt-sein Martin Heideggers[22] und die Synthese der Husserlschen und Heideggerschen Position bei Sartre

Das In-der-Welt-sein Heideggers beschreibt die grundlegende Seinsverfassung des menschlichen Daseins als unauflösbare Einheit von Welt und Subjekt, welches sich durch Evidenz auszeichnet. Diese Verbindung ist nach Heidegger dermaßen eng, dass die Phänomenologie ein einheitliches Gebilde Mensch - Welt zu analysieren hat. So ist die Frage nach dem Wesen des Menschen, welche implizit gleichzeitig in der phänomenologischen Analyse gestellt werden muss, immer die Frage nach dem Sein, die Husserl in seinem Ansatz ausklammern wollte. Der transzendental-

---

19 Prechel (1991) S. 435.

20 Vgl. Sartre, Jean-Paul: Das Sein und das Nichts. In: von Wroblewsky, Vincent (Hrsg.): Jean-Paul Sartre. Philosophische Schriften. Bd. 3. Reinbeck bei Hamburg, 11. Auflage, 2005, S. 424f. Die Kritik Sartres bezieht sich in diesem Abschnitt vorrangig auf die Existenz Anderer, doch sie soll ausreichen, diesen Sachverhalt zu erhellen. Der Andere wird, wie sich später herausstellen soll, intuitiv bei Sartre begründet. Husserl hingegen argumentiert nach Sartre, dass der Andere als transzendentales Ego die permanente Bedingung für die Welt, für ihre Objektivität ist, da die Objekte der Welt in der konkreten Erfahrung sich „als mit Bezugssystemen zu einer unbegrenzten Pluralität von Bewußtseinen ausgestattet dar[bietet]." (Sartre (2005) S. 427) Somit ist das transzendentale Ego auch notwendig zur Konstitution des empirischen Ego, des eigenen und das des Anderen. Die Gewissheit der Welt ist folglich ebenso sicher wie die des empirischen Andern, aber nicht sicherer. Somit besteht die Möglichkeit einer Illusion der Welt oder des Anderen.

21 Ebd. S. 19.

22 Hier soll nur deutlich werden, wie Sartre den Weltbezug in seine Philosophie integriert und welchen Stellen die Grundlagen entnommen sind. Zu einer vertiefenden Diskussion siehe u.a. Sartre (2005), Dandyk (2002) und Lévy (2005).

phänomenologische Ansatz Husserls wird somit durch die Komponente des In-der-Welt-seins als einzige Existenzweise des Menschen hin zu einer Existenzphilosophie verändert. Das Sein, welches analysiert werden soll, ist stets das des analysierenden Menschen. Die menschliche Sonderstellung zeichnet sich also dadurch aus, dass der Mensch in seiner Existenz über ein gewisses Vorverständnis von der Welt und sich verfügt. Dies wird dadurch gerechtfertigt, dass er als einziger die Frage nach dem Sein zu stellen im Stande ist.

> „Das Verstehen ist durch die bloße Existenz schon gegeben. Für Heidegger bedeutet menschliches Existieren gestimmtes Verstehen. (...) Dieser verstehende Umgang mit der Welt wird primär nicht erkannt, sondern erlebt. In diesem erlebten, gestimmten und verstehenden Umgang mit der Welt ist dem Menschen das Sein erschlossen.“[23]

Dieses Verständnis, welches der Mensch von der Welt hat, äußert sich in seiner Befindlichkeit, wodurch sich ihm das Sein erschließt.

Das In-der-Welt-sein Heideggers nimmt Sartre in seine Überlegungen mit auf und führt die Positionen Husserls und Heideggers im Begriff des präreflexiven Bewusstseins oder präreflexiven *cogito* zusammen.

> „Im Sinne Heideggers sieht auch Sartre die Notwendigkeit, die Frage nach dem Sein zu stellen, um auf diese Weise dem Phänomenismus [[24] T.M.] Husserls entgehen zu können. In diesem Sinne übernimmt Sartre das „In-der-Welt-sein“ Heideggers, das allerdings in seinen Händen zu einem „Bewusstsein-davon-haben, in-der-Welt-zu-sein“ wird.“[25]

So wird die beschränkte kausale Sicht der Naturwissenschaft überwunden, um in der phänomenologischen Analyse die Stimmungen der menschlichen Erscheinung erfassen zu können, die sich auf das Ganze der Welt bezieht, auf den Weltbezug des Menschen. Der Sartresche Bewusstseinsbegriff lässt sich nun präzisieren.

[23] Dandyk (2002) S. 35.
[24] Im Phänomenismus sieht Sartre Husserls bloße Beschreibung der Phänomene, wohingegen die Phänomenologie als Wissenschaft auch die Frage nach dem Sein zu stellen hat.
[25] Dandyk (2002) S. 26.

2. Das Sein und das Nichts

2.1 Einleitung

Aufgrund der Unterschiedlichkeit des Bewusstseins und seines Inhaltes kann nicht beiderseits von Sein im Sinne des Identitätsprinzips gesprochen werden. Dies wird dadurch ausgedrückt, dass das Bewusstsein sich selbst nicht setzen kann, es immer auf etwas „anderes“ verwiesen ist. Seine Existenz beruht nicht auf einem Konzept der Selbst-Erkenntnis im Sinne eines Bewusstseins als Selbstbewusstsein, was vor der Entstehung der Welt und somit weltüberlegen ist. Um die Gefahr von Missverständnissen zu umgehen, führt Sartre den Begriff des „*Bewusstsein (von) sich*“ ein:

> „[W]ir können diesen Ausdruck [Bewusstsein-von-sich T.M.] nicht länger verwenden, weil das «*von sich*» noch die Idee der Erkenntnis weckt. (...) Dieses Bewußtsein (von) sich dürfen wir nicht als ein neues Bewußtsein betrachten, sondern als *den einzig möglichen Existenzmodus für ein Bewußtsein von etwas.*“[26]

Die Seinsfrage muss sich also dem Problem der Verschiedenheit des Dinges und des Bewusstseins stellen. Dies wird nun im „Sein und das Nichts“ (als Titel des philosophischen Hauptwerkes und als die zu explizierenden Begriffe) formuliert.

2.2 Das Sein und das Nichts

Hinter den Begriffen Sein und Nichts verbergen sich in der Sartreschen Terminologie zwei unvereinbare Prinzipien. Sie werden als zirkuläre, reflexive Begriffe verstanden, vergleichend den Gegensatzpaaren Positivität – Negativität; Subjekt – Objekt; Ding – Bewusstsein; An-sich und Für-sich. Ein Begriff bedarf des anderen, um sich zu formieren bzw. zu formulieren.

> „Das Sein ist *sich* [soi]. (...) Es ist eine Immanenz, die sich selbst nicht realisieren kann, eine Affirmation, die sich nicht affirmieren kann, eine Aktivität, die nicht handeln kann, weil es sich mit sich selbst verfestigt hat.“[27]

---

[26] Sartre (2005) S. 23.
[27] Ebd. S. 41.

Dieses Sein als Identität mit sich selbst nennt Sartre das An-sich. Das An-sich ist reine Seinsfülle, es ist das, was es ist, es ist veränderungslos, denn es ist in jedem Zustand sich selbst genug, gerade weil es reine Identität ist. Jedes Ding *ist*, es ist An-sich, „es ist unbestimmt es selbst, und es erschöpft sich darin, es zu sein."[28] Alles Existierende ist. Es ist voll und ganz mit Sein ausgefüllt, so dass es zu sich selbst in keiner Relation stehen kann. Das Existenzbegründende ist das Sein.
Gegenüber dem Sein des An-sich als Identität existiert das Sein des Bewusstseins oder Für-sich.

> „[D]as Seinsgesetz des erkennenden Subjektes ist es, *bewußt-zu-sein*. Das Bewußtsein ist nicht ein besonderer Erkenntnismodus, genannt innerster Sinn oder Erkenntnis von sich, sondern es ist die transphänomenale Seinsdimension des Subjektes."[29]

Das Bewusstsein, verstanden als menschliches Bewusstsein, unterscheidet sich vom Sein durch das zentrale Element, eine „Nichtung" hervorzubringen. Wo das Sein vollkommen es selbst, das Objekt vollkommen Objekt ist, zeichnet sich das Bewusstsein dadurch aus, dass es nicht identisch mit sich ist. Es ist nicht unbestimmt, sondern bewusst und somit bestimmt. Es verweist in seiner Seinsweise auf ein Anderes als sich selbst und ist sich dieser Andersheit bewusst. So wird durch das Bewusstsein das Nichts eingeführt, denn es verweist auf das Nicht-sein des es begründenden Objektes. Die Angewiesenheit der beiden Begriffe aufeinander, des Seins und des Nichts, offenbart sich darin, dass das Bewusstsein als Zeuge für das Sein auftritt, was ohne diese Bezeugung lediglich ein Unbestimmtes bliebe. Die „Nichtung", das Nichts an Identität mit sich bezeugt das Sein als Anders-sein und somit Nicht-sein. Anders formuliert: Das Bewusstsein bedeutet hier das Nicht-sein des Seins des Objektes, welches es zum Gegenstand haben muss, um überhaupt sein zu können. Die Seinsweise des Bewusstseins nennt Sartre das Für-sich.

> „Dieses Negative, das Nichts an Sein und zugleich Nichtungsvermögen ist, ist das *Nichts* [*néant*]. (...) Das Nichts ist stets ein *Woanders*. Es ist die Notwendigkeit für das Für-sich, immer nur in der Form des Woanders in Bezug auf sich selbst zu existieren, als ein Sein zu existieren, daß sich dauernd mit einer Seinsinkonsistenz affiziert."[30]

---

[28] Ebd. S. 43.
[29] Ebd. S. 18f.
[30] Ebd. S. 171f.

Es ergibt sich folgender Horizont, in dem das Sein und das Bewusstsein gedacht werden müssen:

> „Wir haben es (...) mit einer Anwendung des Satzes vom Widerspruch zu tun (ein Ding ist entweder A oder nicht A, ein Drittes gibt es nicht), und zwar mit der Zuspitzung, daß im ontologischen Dualismus »nicht- A« nicht einfach ein Unbestimmtes ist, unter das real sehr Verschiedenes sich subsumieren lässt, sondern ein gleich Festes wie »A«, wenn man uns zugestehen will, die zur Seinsregion hypostatierte Unbestimmtheit, Bestimmungsleere ein »Festes« zu nennen."[31]

Das Bewusstsein zu denken als eine Identität, als etwas, was lediglich Bewusstsein ist, welches sich nicht auf etwas anderes als sich selbst bezieht, wäre in dieser Terminologie nicht denkbar, denn so wäre es ein An-sich, welches in keiner Distanz zu sich stehen würde.

> „[E]in Sein, das sein eigener Grund wäre, könnte nicht das geringste Auseinanderklaffen zwischen dem, was es ist, und dem, was es denkt, zulassen, denn es würde sich seinem Verständnis des Seins entsprechend hervorbringen und könnte nur denken was es ist."[32]

Dieses Konzept muss sich nun für den Menschen in der Welt als einzig mögliches verorten lassen. In der Welt sind die Dinge nur das, was sie sind, nur An-sich. Die sich im Phänomen enthüllenden Gegenstände enthüllen sich für ein Bewusstsein. Das Sein als bestimmtes tritt durch das An-sich in die Welt für ein Für-sich. Durch diese Bezeugung des Für-sich treten die Erscheinungen als bewusste Unterscheidungen auf und somit auch in Begrifflichkeiten der Veränderung, der zeitlichen Bestimmungen. Das Bewusstsein ist die Fähigkeit,

> „sich selbst in Frage zu stellen und dadurch aus der vollkommenen Identität mit sich herauszugleiten. In der Frage löst sich der Fragende vom Sein (weil immer eine negative Antwort gedacht werden kann). Dieser Bruch der Kausalreihe ist das Nichts im Menschen und die Quelle des Nichts in der Welt."[33]

---

[31] Haug, Wolfgang Fritz: Jean Paul Sartre und die Konstruktion des Absurden. Hamburg 1991, S. 87.

[32] Sartre (2005) S. 174.

[33] Suhr (2004) S. 109.

Das so formulierte Phänomen enthüllt das Sein als Seinsphänomen. Das erkannte Objekt setzt also ein transphänomenales Sein voraus, wie das transphänomenale Sein ein erkanntes Objekt voraussetzt. Für Sartre gibt es kein Sein unabhängig vom Zeugen des Bewusstseins. Die Bezeugung ist grundlegend.

Das Bewusstsein kann in der Reflexion Urteile über das Erkannte abgeben, in den Kategorien des Denkens kann das Sein der Phänomene geordnet werden. Wo die Dinge der Kausalität aufgrund ihres An-sich-seins, ihrer reinen Identität, ihrer so definierten Passivität unterliegen, besteht für das Bewusstsein nur die Möglichkeit der Nichtung. Die Kausalität der Dinge kann somit nicht für den Menschen angenommen werden, vielmehr bezeichnet diese Eigenheit des Bewusstseins die menschliche Freiheit.

2.3 Der Begriff des Bewusstseins in der Sartreschen Terminologie

Bewusstsein ist immer *Bewusstsein (von)* etwas.

> „Aus dem Sein des Bewusstseins sind alle Akte des Bewusstseins, die es selbst betreffen, fernzuhalten. Es ist ganz „den gegenständlichen Etwas-Polen" hingegeben und in dieser Bezugshingegebenheit ist es vorgängig nicht-setzendes Bewusstsein von sich selbst; auch dann, wenn es in Bezug auf sich selbst wie in Bezug auf ein welthaftes Etwas vergegenständlichend setzt."[34]

Je nach dem Bezug, durch welchen sich das Bewusstsein auszeichnet als *Bewusstsein (von)*, unterscheidet Sartre das Bewusstsein auf drei verschiedenen Stufen der Setzung. Das Bewusstsein, welches wohl am besten durch den Begriff des reinen Erlebnisses wiedergegeben werden kann, nennt Sartre „präreflexives *cogito*". Es ist das unmittelbare Erleben und die ursprüngliche Weise des Bewusstseins, in der Welt zu sein. Dieses Bewusstsein *ist*, es ist Aktivität und Spontaneität, es ist die Basis jeder Erkenntnis und somit die Bedingung des Cartesianischen *cogito*. Den „Inhalt" des Bewusstseins nennt Sartre das *Seinsphänomen* (in Abgrenzung vom *Sein des Phänomens*), jenes, welches sich dem Bewusstsein im präreflexiven Zustand offenbart.

---

[34] Janssen, Paul: Die Genesis des Seins des intentionalen Bewusstseins. In: Schumacher, Bernard N. (Hrsg.): Jean-Paul Sartre. Das Sein und das Nichts. Klassiker Auslegen, Bd. 22. Berlin 2003, S. 29.

Im Bewusstwerden des Erlebnisses realisiert sich das reflektierende Bewusstsein. Es ist weiterhin nicht sich selbst setzend, indessen setzt es das ihm vorangegangene Erlebnis als Bewusstseinsobjekt. Das präreflexive *cogito* bildet somit hierfür die Basis. Durch die Präreflexivität ist es also möglich, die Verbindung zum Erlebnis zu halten, das Erlebnis zu „ordnen". Auf dieser Ebene erkennt sich das Bewusstsein allerdings nicht selbst. Es ist nicht setzend von sich, es erkennt sich nicht bei dem Akt der Reflexion. Das Cartesianische *cogito* lässt sich auf dieser Ebene finden. Das „Ich *denke*" fasst sich im Erlebnis des Denkens. Das „Ich" muss hier allerdings als Bezeichnung des Bewusstseins genügen, das „Ich" als Identitätsbestimmung des Seins darf in diesem Kontext nicht formuliert werden.

Es schließt sich das reflexive Bewusstsein als dritte Ebene an. Es wird sich selbst zum Gegenstand: „[I]m Reflexionsakt fälle ich Urteile über das reflektierte Bewußtsein, ich schäme mich seiner, ich bin stolz darauf, ich will es, lehne es ab, usw."[35] Diese drei verschiedenen Bewusstseinsebenen unterscheiden sich je durch ihre bewusstseinstranszendenten Objekte. Hingegen gleichen sich alle Ebenen in der Grundeigenschaft des Bewusstseins, *Bewusstsein (von)* zu sein. Sie sind jeweils in der Weise des gegenwärtigen Vollzugs Erlebnis und folglich präreflexiv. Deutlich soll dies im Abschnitt II.5.2 werden, wenn wir uns der Sprache zuwenden. Vorerst soll lediglich formuliert sein, dass sich die aus dem (Bewusstseins-) Erlebnis eines Phänomens, des Seinsphänomens entstehenden, in Kategorien auslegbaren Begriffen, den kognitiven Bewusstseinsobjekten, den Bildern[36], die sich nur dem Verstand darbieten, als reflektierte Bewusstseinsinhalte offenbaren. Diesem „Wesen der Erscheinungen" legt Sartre den Begriff des Seins des Phänomens[37] bei:

---

[35] Sartre (2005) S. 21.

[36] Der Ausdruck des Bildes wird in der Schrift „Die Imagination" für dieses Sein des Phänomens verwendet: „Ich *sehe* ihn [den Gegenstand T.M.] nicht, er drängt sich meiner Spontaneität nicht wie eine Grenze auf; er ist auch kein inertes, *an sich* existierendes Gegebenes. Mit einem Wort, er existiert nicht *de facto,* er existiert *als Bild.*" (Sartre, Jean-Paul: Die Imagination. In: von Wroblewsky, Vincent (Hrsg.): Jean-Paul Sartre. Philosophische Schriften 1. Die Transzendenz des Ego. Philosophische Essays 1931-1939. Bd. 1. Reinbeck bei Hamburg 1994, S. 98)

[37] Dieser in „Schritte" untergliederte Prozess vom Seinsphänomen zum Sein des Phänomens enthält starke Parallelen zur Darstellung „Ikon – Index – Symbol" bei Charles S. Peirce, demnach der Prozess sich in Wahrnehmung des Objektes (Ikon), seine Zuordnung zu einem Kontext (im Späteren verstanden als Gestalt) und die Zuschreibung einer Bedeutung des Wahrgenommenen (Symbol) aufgliedert, worauf Knapp, Lothar: Das Bild und das Imaginäre. Sartres Schriften L'Imagination (1936), L'Imaginaire (1940) und Un théâtre de situations (1973). In : Michael Lommel (Hrsg.): Sartre und die Medien. Bielefeld 2008, S. 157-172, hinweist.

„Der Sinn des Seins des Existierenden, insofern er sich dem Bewußtsein enthüllt, ist das Seinsphänomen. Dieser Sinn hat selbst ein Sein, auf dessen Grundlage er sich manifestiert.“[38]

Die Manifestation des Seins im Seinsphänomen als Beziehung von Objekt und Bewusstsein lässt sich aufgrund der Reflexion nun verschiedenen Kategorien zuordnen: Kunstwerke oder logische Begriffe, Natur-Phänomene oder alltägliche Gebrauchsgegenstande zeichnen sich durch Unterschiede in ihren Erscheinungsweisen aus, ebenso die ihnen zugesprochenen Eigenschaften der Farbe, der Größe, des Gewichts, etc. Es wird deutlich, dass hier die Erkenntnis der Intuition im Husserlschen Sinne zugeschrieben wird, was durch das In-der-Welt-sein Heideggers gestützt wird.
Somit liegt Sartres Ansatz zwischen den Polen des Idealismus und des Realismus.[39] Während der Idealismus der Erkenntnis den Vorrang gibt und der Realismus ihn in der gegenständlichen Welt verortet, erschließt sich hier im präreflexiven *cogito* ein Unteilbares aus Erkennen und Erkanntem. Der Begriff des Phänomens bezeichnet die Reflexivität dieser Begriffe, die ursprünglich eine synthetische Einheit bilden, denn der Mensch ist in der Welt, dies ist das Konkrete.

2.4 Vorläufige Zusammenfassung und Bemerkungen zum Anliegen der phänomenologischen Ontologie Sartres

Den Überlegungen bezüglich des Seins und des Nichts und den Ausführungen zum Bewusstsein folgend, kann die eingenommene Perspektive auf den Menschen, welche sich erschließen soll, bereits präzisiert werden. Grundsätzlich dient Sartres Werk „Das Sein und das Nichts“ als Gegenposition zum Determinismus. Es entfaltet sich eine Existenzphilosophie auf Basis der phänomenologischen Methode, die sich der Frage nach der menschlichen Natur nur innerhalb der Freiheit nähern kann.

„Die einzige Definitionsmöglichkeit des Menschen konkretisiert sich in seiner Indefinierbarkeit. Die Identität des Menschen bedeutet eine absolute Identitätslosigkeit.“[40]

---

[38] Sartre (2005) S. 38.
[39] Vgl. Suhr (2004).
[40] Baba, Teodor Bernardus: Der Mensch - die Philosophie - die Geschichte. Jean-Paul Sartres Anthropologie als Metaphysik der Vernichtung. Göttingen 2006, S. 21.

Dies wird im Folgenden im Begriff des *Bewusstsein (von)* fixiert. Die menschlichen Eigenschaften unterscheiden sich von den Eigenschaften der Dinge, dem Menschen ist es nicht möglich, zu sein was er ist, da er das Wesen ist, durch welches das Bewusstsein in der Welt erscheint. In der Dimension des Für-sich kann der Mensch lediglich in Situationen und durch Handlungen entlang den Eigenschaften versuchen, die menschlichen Eigenschaften, die immer eine zeitliche Struktur besitzen, zu realisieren, indem er sich in seinem Entwurf darauf konzipiert, entlang diesen Attributen zu handeln und das heißt bei Sartre, dass er nur spielen kann, eine bestimmte Eigenschaft zu haben. Das berühmte Kellner-Beispiel soll dies kurz verdeutlichen:

> „Beobachten wir einen Kellner im Café. Er hat lebhafte und eifrige Bewegungen, etwas allzu präzise, etwas allzu schnelle, er kommt mit einem etwas zu lebhaften Schritt auf die Gäste zu, er verbeugt sich mit etwas zuviel Beflissenheit, seine Stimme, seine Blicke drücken ein Interesse aus, das etwas zu viel Aufmerksamkeit für die Bestellung des Gastes enthält, nun kommt er endlich zurück und versucht, mit seinem Gang die unbeugsame Strenge irgendeines Automaten zu imitieren, während er gleichzeitig sein Tablett mit einer Art Seiltänzerkühnheit trägt, indem er es in einem ständig labilen und ständig gestörten Gleichgewicht hält, das er mit einer leichten Bewegung des Arms und der Hand ständig wiederherstellt. Sein ganzes Verhalten wirkt auf uns wie ein Spiel. Er bemüht sich, seine Bewegungen ineinander übergehen zu lassen, als wären sie Mechanismen, die einander steuern, seine Mimik und sogar seine Stimme wirken wie Mechanismen; er legt sich die Geschmeidigkeit und erbarmungslose Schnelligkeit der Dinge bei. Er spielt, es macht ihm Spaß. Aber was spielt er? Man braucht ihn nicht lange zu beobachten, um sich darüber klarzuwerden: er spielt Kellner *sein.* (...) [D]er Kellner spielt mit seiner Stellung, um sie zu *realisieren.* Das ist für ihn ebenso notwendig, wie für jeden Kaufmann: ihre Stellung ist ganz Zeremonie, die Kundschaft verlangt von ihnen, daß sie sie wie eine Zeremonie realisieren, es gibt den Tanz des Lebensmittelhändlers, des Schneiders, des Auktionators, durch den sie sich bemühen, ihre Kundschaft davon zu überzeugen, daß sie nichts weiter sind, als ein Lebensmittelhändler, ein Auktionator, ein Schneider. (...) [I]ch kann nur *spielen, es zu sein*, daß heißt mir einbilden, daß ich es sei.“[41]

Der Mensch spielt eine „realisierende“ Komödie:

> „[S]ie [die Menschen T.M.] spielen alle diese Rolle, aber sie sind, was sie spielen, nicht in der Form der Identität mit sich – immer sind sie es in der Form eines Ab-

[41] Sartre (2005) S. 139f.

standes davon. Das Bewußtsein, diese Rolle zu spielen (...) ist genau dieser Abstand zu sich, der für das Für-sich-sein charakteristisch ist."[42]

Anders formuliert: Die menschliche Realität ist ein Mangel.

„Konkret mangelt es jedem besonderen Für sich (Erlebnis) an einer gewissen besonderen konkreten Realität, von deren synthetischer Assimilation es in *Sich* verwandelt würde. Es hat Mangel *an... für...*"[43]

Rein grammatikalisch wird bereits deutlich, dass „eine Eigenschaft besitzen", „eine Eigenschaft haben" identitätsstiftende Kategorien sind, die sich dem Bewusstsein erschließen, nie aber der Identität des Bewusstseins entsprechen können. Sie verweisen vielmehr auf ein An-sich, welches sich durch diese Eigenschaft auszeichnet.

„Die menschliche Realität ist (...) eine Existenz ohne bestimmte Essenz. Indem es nicht ist, was es ist, ist das Bewusstsein Nicht-sein von Essenz; indem es ist, was es nicht ist, ist das Bewusstsein das Projekt von Essenz."[44]

In diesen Sätzen wird der oben angeführte Anspruch deutlich, dass sich die Bestimmung des Menschen nicht mit naturwissenschaftlichen oder logischen Aussagen ausdrücken lassen, dass vielmehr auf den ersten Blick un-logische Sätze im Sinne der klassischen Logik formuliert werden, die ihre Berechtigung im Gesamtkonzept finden.

Der Begriff des Spiels verweist auf einen Entwurf, etwas Bestimmtes zu sein; etwas, was sich dem Bewusstsein als An-sich darbietet, da sein „Inhalt" laut Definition ein An-sich bzw. Bewusstseinsobjekt ist. Im Bezug auf Handlungen nennt Sartre dieses Objekt An-sich-für-sich. Es ist die Selbst-Verwirklichung in Identität, wie er sich bereits andeutete. Das An-sich-für-sich wird eingeführt als etwas, das sein eigener Grund ist, das identisch mit sich ist, einem An-sich. Gleichzeitig aber will sich diese Identität dabei erfahren, in Distanz zu sich stehen, sich selbst als Identität bezeugen, sich begründen.

[42]Suhr, Martin: Sartre zur Einführung. Hamburg, 2. Auflage, 1989, S. 60.

[43] Sartre (2005) S. 200.

[44] Schumacher, Bernard N.: Philosophie der Freiheit: Einführung in Das Sein und das Nichts. In: Schumacher, Bernard N. (Hrsg.): Jean-Paul Sartre. Das Sein und das Nichts. Klassiker Auslegen, Bd. 22. Berlin 2003, S. 9.

„Der Versuch aber, an sich und für sich zugleich zu sein, ist in sich widersprüchlich. Denn die Positivität des An-sich und die Negativität des Für-sich sind unvereinbar. Ein solches Sein wird in den Religionen im Begriff Gottes gedacht, als eines Wesens, der die Ursache seiner selbst ist. (…) Der Mensch also, der versucht, an-sich-für-sich zu sein, versucht Gott zu sein. Dieser Versuch muß aufgrund seiner Widersprüchlichkeit scheitern.“[45]

Und doch ist diese Leidenschaft, dieser Versuch der Erreichung dieses Ideals für Sartre mit der Art und Weise des Bewusstseins, gerade durch seine Reflexivität, gegeben.

„Er [der Mensch T.M.] darf nicht existieren, ohne dieses Sein [das An-sich-für-sich T.M.] anzustreben, das er niemals sein wird, aber er kann dieses Streben mit dem damit verbundenen Scheitern wollen.“[46]

Diese Ausführungen werden sich später bei der Betrachtung des Entwurfs noch präzisieren.

[45] Suhr (2004) S. 135.

[46] De Beauvoir, Simone: Für eine Moral der Doppelsinnigkeit. In: Soll man de Sade verbrennen? Reinbeck 1983, S. 83, zitiert von Suhr (1989) S. 122.

3. Der Andere – Sartres Konzept der Intersubjektivität

3.1 Einleitung

Bei der bisherigen Betrachtung wurde ausschließlich die Perspektive eingenommen, in welcher der Mensch allein dem An-sich gegenüber steht. Doch kann das menschliche Sein nur in einer Welt gedacht werden, in welcher auch andere Menschen existieren. Dies soll im folgenden Abschnitt thematisiert werden.
Das Auftauchen eines anderen Menschen unterscheidet sich von dem eines Dinges, eines An-sich, grundlegend. Das Für-sich wird durch den Anderen aus sich „heraus getrieben", es kommt zu einem vollkommen anderen Bezug zur Welt und zu sich. Dies wurde bereits im Abschnitt II.2.3 angedeutet, als die Strukturen des Bewusstseins untersucht wurden. Das reflexive Bewusstsein fällt Urteile über sich als ein Objekt, welches im präreflexiven Zustand dem Bewusstsein in der Weise des *Bewusstseins (von)* gegeben war und in der Setzung des Erlebnisses als *Bewusstsein (von)* Erlebnis den Verweis zur Vergangenheit unterhält. Doch dies ist nur möglich, da die in der Reflexion zu Bewusstsein tretenden Urteile ursprünglich keine Reflexionsphänomene sind.

> „[D]er andere ist der unentbehrliche Vermittler zwischen mir und mir selbst: ich schäme mich meiner, *wie ich anderen erscheine*. Und eben durch das Erscheinen Anderer werde ich in die Lage versetzt, über mich selbst ein Urteil wie über ein Objekt zu fällen, denn als Objekt erscheine ich dem Anderen."[47]

Die Manifestation der Existenz Anderer findet Sartre also im Phänomen der Scham. Sie vermittelt zwischen dem Für-sich und sich selbst. In Sartrescher Terminologie realisiert sich im Erblickt-werden durch den Anderen das Für-Andere. So impliziert das Phänomen der Scham die Anerkenntnis des Anderen, welcher die Beobachterposition im Bezug auf das Für-sich, oder präziser, auf den Körper einnimmt. Die genaue Klärung des Körpers wird im Abschnitt II.4 noch zu untersuchen sein. Vorerst gilt es zunächst folgendes festzuhalten:

---

[47] Sartre (2005) S. 406.

„[D]er Körper erscheint zunächst, was auch seine Funktion sein mag, als *Erkanntes,* (...) [er] hat (...) die Besonderheit, wesenhaft durch das *durch andere Erkannte* zu sein: das, was ich erkenne, ist der Körper der anderen, und das wesentliche von dem, was ich von meinem Körper *weiß*, kommt von der Art, wie die anderen ihn sehen."[48]

Zur Verdeutlichung soll ein Beispiel herangezogen werden.

„Nehmen wir an, ich sei aus Eifersucht, aus Neugier, aus Verdorbenheit so weit gekommen, mein Ohr an eine Tür zu legen, durch ein Schlüsselloch zu gucken. Ich bin allein auf der Ebene des nicht-thetischen Bewußtseins (von) mir. Das bedeutet zunächst, daß es kein *Ich* gibt, das mein Bewußtsein bewohnt. Also nichts, worauf ich meine Handlungen beziehen könnte, um sie zu qualifizieren. Sie werden keineswegs *erkannt*, sondern *ich bin sie*, und allein deshalb tragen sie ihre totale Rechtfertigung in sich selbst, (...) keine transzendentale Sicht verleiht meinen Handlungen den Charakter von etwas *Gegebenem*, über das ein Urteil gefällt werden könnte: mein Bewußtsein klebt an meinen Handlungen; es *ist* meine Handlungen; sie werden nur durch die zu erreichenden Zwecke und die zu verwendenden Instrumente geleitet. (...) Die Tür, das Schlüsselloch sind zugleich Instrumente und Hindernisse: sie stellen sich als «mit Vorsicht zu handhaben» dar; das Schlüsselloch bietet sich dar als «aus der Nähe und ein wenig von der Seite zu sehen» usw. (...) Jetzt habe ich Schritte im Flur gehört: man sieht mich."[49]

Nach Sartre stellt die Scham für die Subjektivität eine Störung des präreflexiven Handelns dar, es zwingt zu einer Verlagerung der Aufmerksamkeit. Das „Ich" wird plötzlich und spontan Bezugspunkt des Bewusstseins. Dies ist nur möglich auf der Basis des „Ich" als Objekt, nicht in seiner Unmittelbarkeit des präreflexiven Bewusstseins als Anwesenheit bei der Handlung. Dieses dem Bewusstsein erscheinende Objekt erfasst sich als Objekt für den Anderen.

„[D]ie Scham oder der Stolz enthüllen mir den Blick des Andern und mich selbst am Ziel dieses Blickes, sie lassen mich die Situation eines Erblickten *erleben*, nicht *erkennen*. Die Scham aber ist (...) Scham über *sich*, sie ist *Anerkennung* dessen, daß ich wirklich dieses Objekt *bin*, das der Andere anblickt und beurteilt."[50]

Die Anerkennung findet sich folglich nicht auf die Beziehung zum Anderen, sondern auf die Selbstbeziehung angewendet. So ist im Begriff des „Ich" (als Objekt für zu-

[48] Ebd. S. 400.
[49] Ebd. S. 467f.
[50] Ebd. S. 471.

erst den Anderen und weiter auch für mich) eine „Schicht der existenziellen Erfahrung mitgemeint, (...) die das ganze Selbstverständnis der Person berührt.“[51]
In diesem Erlebnis erkennt sich das Bewusstsein also als einer anderen Kategorie des Seins als dem Modus des Für-sich angehörig. Wie das An-sich dem Für-sich als reine Identität mit sich begegnet, erfährt sich das Bewusstsein im Modus des Für-Andere nach Sartre ebenso in dem Blick des Anderen als Objekt, als Gegenstand ohne eigene Fähigkeit zur Transzendenz des so erlebten Zustands.

> „Die Scham enthüllt mir aber, das ich dieses Sein [das Für-Andere T.M.] *bin,* (...) für den anderen *sitze ich*, wie dieses Tintenfaß *auf* dem Tisch *steht*; für den andern *bin ich* über das Schlüsselloch *gebeugt*, wie dieser Baum *gebeugt* ist.“[52]

Und doch kann das erblickte Bewusstsein nicht dieses Objekt, welches es für den Anderen, welches es in dem Blick des Anderen geworden ist, erkennen, denn die Bedeutung des Blickes verweist nur auf das blickende Bewusstsein. So bezieht sich das Phänomen der Scham und des Stolzes auf den Andern: „Und in der Erfahrung des Blickes, in dem ich mich als nicht-enthüllte Objektheit erfahre, erfahre ich direkt und mit meinem Sein die unerfaßbare Subjektivität des Andern.“[53]
Die Anregungen zu diesen Überlegungen findet Sartre in Hegels Selbstbewusstseinsbegriff, die den Überlegungen zum Herrn und Knecht entnommen sind. Dies soll nun kurz erläutert werden, um die dargestellten Ideen ausreichend zu erfassen.

3.2 Herr und Knecht bei Georg Wilhelm Friedrich Hegel – Einflüsse auf Sartres Konzept der Intersubjektivität

In den Ausführungen Hegels zu Herr und Knecht ist die „geniale Intuition (...) hier also, daß er mich in meinem Sein vom Andern abhängen macht.“[54] Für Sartre gibt der dort formulierte Begriff des Selbstbewusstseins ein grundlegendes Modell des Für-

---

[51] Honneth, Axel: Die Gleichursprünglichkeit von Anerkennung und Verdinglichung. Zu Sartres Theorie der Intersubjektivität. In: Schumacher, Bernard N. (Hrsg.): Jean-Paul Sartre. Das Sein und das Nichts. Klassiker Auslegen, Bd. 22. Berlin 2003, S. 147.
[52] Sartre (2005) S. 473.
[53] Ebd. S. 487.
[54] Ebd. S. 432.

sich ab. Wo Sartre den Anderen intuitiv setzt, wird die Pluralität der Bewusstseine in Hegels Überlegungen als Faktum genommen.

> „[A]ls Selbstbewußtsein [*conscience de soi*] erfaßt das Ich sich selbst. Die Gleichung «Ich=Ich oder Ich bin Ich» ist der genaue Ausdruck dieser Tatsache."[55]

Der Selbstbewusstseinsbegriff muss also beinhalten, dass das „Ich" sich selbst zum Objekt hat. Dies lässt sich in zweierlei Weise verwirklichen: Einmal als praktisches Bewusstsein, welches alle Verschiedenheit des Objektes negiert und sich die Dinge der Welt in einer bestimmten Art gemäß macht, das heißt die eigene Objektivität negiert und die Welt nach seinen Maßstäben formt, um sich in ihr selbst als Objekt zu erkennen, oder als setzendes Bewusstsein seiner selbst, um sich so zum Gegenstand der Welt zu machen. Die erste Variante wäre die des Herrn, die zweite die des Knechtes. Bei Hegel als geschichtlicher Prozess beschrieben, vollzieht sich das Hin zum Selbstbewusstsein auf verschiedenen Ebenen, die eine Affinität zum Sartreschen Denken haben und deshalb Erwähnung finden sollen.[56]

In einem ersten Schritt der Verwirklichung hin zum oben formulierten Selbstbewusstseinsbegriff ist das Bewusstsein in der Begierde nur auf die Dinge der Welt verwiesen, durch welche es sie befriedigen kann. So eignet es sich die Gegenstände zum Genuss an. Im Verzehr, zur Stillung des Hungers beispielsweise als einfachstem Fall kommt das „Ich" nur zu einem Selbstgefühl, denn das Objekt der Begierde verschwindet im Akt des Genusses. Das „Ich" kann sich selbst nicht im begehrten Objekt anschauen, sich nicht selbst in der Objektivität der Dinge erkennen, weil es nur unbestimmt in der Befriedigung sich selbst zum Objekt wird, indem es sich selbst als Objekt erkennt.

Folglich kann sich das Selbstbewusstsein nur durch die Vermittlung eines Objekts, was zugleich Subjekt ist, erkennen. Diese Erfahrung ist gegeben in der Begegnung mit einem anderen Selbstbewusstsein. Es wird als ein anderes Selbst erkannt, welches das erste durch seine Subjektivität objektivieren kann.

> „Wenn das Selbstbewusstsein seinem Begriff nach die Gleichheit von Ich und Ich, Ich = Ich ist, muss es im Objekt sein anderes Selbst anschauen. Die Selbstanschauung des einen Ich im anderen Ich ist zum Einen die Erkenntnis, dass beide dasselbe sind, nämlich Ich oder Subjekt. Zum Anderen ist jedes Ich für das andere auch ein

[55] Ebd. S. 429.
[56] Vgl. den Ausführungen von Suhr (2004).

äußerliches Objekt und in dieser Hinsicht ein unmittelbares, sinnliches und konkretes Dasein."[57]

So darf das „Ich" nicht bloßes Objekt für das andere Bewusstsein sein, denn wenn das andere „Ich" der Spiegel sein soll, muss es die Subjektivität des ersten objektivieren, das heißt spiegeln können.
In der Begegnung zweier Selbstbewusstseine trachtet jedes Bewusstsein folglich danach, sich als selbstständiges, einzelnes „Ich" darzustellen. Jedes wird nun versuchen, sich als Subjektivität zu erweisen. Das bedeutet: Jedes Bewusstsein trachtet danach, seinen Willen durchzusetzen, es sucht sich also der verdinglichten Weise, in der es dem Anderen gegeben ist, zu entledigen. Die so sich manifestierende Freiheit (als Freiheit von Dinghaftigkeit) im Bezug zum Anderen wird im Dransetzen des Lebens, im Kampf um Leben und Tod mit dem Anderen investiert. Beim Tod des Gegenübers wäre allerdings die Selbstanschauung im Anderen nicht realisierbar. So bleibt also nur die Möglichkeit der Unterwerfung des einen unter den Willen des anderen. Jener, der sein Leben für die Freiheit der eignen Subjektivität gewagt hat, geht aus dem Kampf als Herr hervor; der Unterlegene, welcher seinem Leben, seinem sinnlichen Dasein mehr Wert beigemessen hat als der Freiheit wird zum Knecht. In dem Festhalten an dem sinnlichen Leben unterwirft sich der Knecht in dieser Situation der Subjektivität und somit dem Willen des Herrn. Er wird selbstlos wie ein Ding. Der Herr genießt nun sein Für-sich durch den Knecht, der ihm seinen eigenen Willen anzeigt und bestätigt. Durch den Knecht erfährt er die Dingwelt, der Knecht bearbeitet sie für den Herrn; der Knecht wurde zu einem „lebenden Werkzeug". Die wechselseitige Anschauung für den Herrn ist allerdings weiterhin nicht erreicht. Er ist in seinem Innern vom Knecht abhängig, da er dessen Anerkennung benötigt, sich seiner Freiheit vom sinnlichen Dasein gewiss zu sein. Doch im Schauen des Objektes, zum Einen des Knechtes und zum Anderen der dinglichen Welt, erkennt er sich nicht als Selbst, denn keines kann ihn als Objektheit ausweisen. Anders verhält es sich beim Knecht. Durch die Unterwerfung unter den Willen des Herrn, in der Bearbeitung der Welt zur Herstellung der Genuss-Objekte für den Herrn erfährt sich der Knecht als schaffend. Er verliert die Angst vor den Dingen. Im sinnlichen Dasein, in der Schaffung des Dinges erkennt er seine Freiheit und somit sich selbst. So erfährt sich der Knecht als beides:

[57] Ebd. S. 132.

„Im Herrn sieht er ein freies Selbst als Ich, im bearbeiteten Objekt sieht er sich selbst als Form der Dinge. Er sieht sich somit in beiden Objekten tatsächlich selbst, nur dass die beiden Momente seines Wesens auseinander fallen.“[58]

Dies nennt Hegel den *Stoizismus*.
Der Inhalt des Gedachten ist in diesem Verhältnis vom Herrn vorgegeben, der Knecht befolgt den Willen des Herrn. Das Denken aber ist auch eine Form von Freiheit. So erfährt sich der Knecht als frei und machtvoll im Denken, aber abhängig von der Sinnlichkeit, der Empirie, über welche er sich doch als mächtig weiß. Diese im Skeptizismus neu auftretende Form des Bewusstseins ist gedoppelt: frei und gleichzeitig abhängig. Es spürt die Kraft der Gedanken, aber auch die Verwirrung der Abhängigkeit. Das Bewusstsein wird sich seiner bewusst, das heißt es wird sich dieser beiden Seiten seiner bewusst und versucht, sie zusammenzubringen. Dies nennt Hegel das *unglückliche Bewusstsein*, denn es bestimmt sich durch ein sich widersprechendes Wesen. Das unglückliche Bewusstsein ergreift nun gegen sich (als das Wandelbare) Partei; das Bewusstsein steht sich selbst gegenüber. Es ist

„damit ein Kampf gegen einen Feind vorhanden, gegen welchen der Sieg vielmehr ein Unterliegen, das eine erreicht zu haben vielmehr der Verlust desselben in seinem Gegenteile ist. Das Bewußtsein des Lebens, seines Daseins und Tuns ist nur der Schmerz über dieses Dasein und Tun, denn es hat darin nur das Bewußtsein seines Gegenteils, als des Wesens, und der eigenen Nichtigkeit.“[59]

Diesen Ausführungen entnimmt Sartre nun zweierlei. Zum Einen ist er der Auffassung, bei Hegel die allgemeine Struktur des Bewusstseins gefunden zu haben, nämlich, dass das *unglückliche Bewusstsein* die ontologische Struktur des Für-sich ist, die nicht in eine neue Gestalt übergehen kann. So befindet sich der Mensch immer in einer der beiden Hegelschen Positionen: entweder nimmt er die Position des Herrn oder die des Knechts ein. Zum Anderen kann in dieser „genialen Intuition“ der Andere in seiner Existenz nicht angezweifelt werden, denn der Zweifel wäre selbst Ausdruck eines Ich-Bewusstseins, welches sich der vorangehenden Anerkennung des Anderen verdankt. Auch wenn Hegel nach Sartre in einem objektiven Idealismus[60] endet, be-

---

[58] Ebd. S. 135.
[59] Hegel, Georg Wilhelm Friedrich: Phänomenologie des Geistes. München 2009, S. 81.
[60] Unter objektivem Idealismus wird hier eine Strömung verstanden, die ontologisch dem materiellen Sein ein geistig-ideelles Sein zugrunde legt. Bei Hegel findet dies seinen Ausdruck im Weltgeist. Vgl. Dandyk (2002) S. 110f; Honneth (2003) S. 143; Sartre (2005) S. 429f.

ruft er sich auf den intuitiven Gehalt seiner Ausführungen, ebenso wie er sich auf den intuitiven Gehalt der Ausführungen Descartes beruft.

> „Was Descartes [und auch Hegel T.M.] gemacht [haben], (…) ist die Auslegung einer intuitiven Gewissheit. Das „Ich denke, also bin ich“ ist keine Schlussfolgerung, sondern die Formulierung einer intuitiven Gewissheit. (…) In demselben Sinne, sagt Sartre, müsse das Sein des Anderen als eine „faktische Notwendigkeit“ aufgefasst werden.“[61]

Somit geht es in keiner Weise darum, den Anderen logisch zu bestimmen oder zu begründen. Vielmehr muss das vorontologische Verständnis ausgelegt werden, also ontologisch interpretiert werden.

Die Sicherheit der Existenz des Anderen, wie bereits oben angedeutet in der Begründung der realen Welt, beruht also auf der Evidenz des Erlebnisses und hier speziell auf dem der Scham. Die Beziehung des Bewusstseins zum Anderen offenbart sich also in einem interioren Verhältnis[62].

3.3 Das anonyme „man“ – die Allgemeinheit des Andern

Der ursprüngliche Bezug zum Anderen ist die eigene erfahrene Objektheit, denn sie ist grundlegend für das Bewusstsein, um sich selbst setzen zu können. Bisher waren wir auf die reale Anwesenheit des Anderen angewiesen. Sartre folgend erfahren wir uns im Blick des Anderen als Objekt. Doch wird angestrebt, die Intersubjektivität als quasi-transzendentalen Zustand auszuweisen, denn man könnte auch einer Täuschung erlegen, ein Geräusch falsch gedeutet haben, so dass es sich nicht um ein Bewusstsein handelt, welches ihn verdinglicht.

Der Möglichkeit der Täuschung entgegnet Sartre, dass es sich in diesem Fall nur um eine Meinung oder um eine Kenntnis handeln kann, welche sich erst auf der Ebene des reflexiven Bewusstseins bildet; die Intuition, die das Phänomen des Für-Andere beschreibt ist hingegen die Gewissheit der eigenen Befindlichkeiten und Zustände, in

---

[61] Dandyk (2002) S. 114.

[62] Mit Interiorität ist „in erster Annäherung (…) eine Verbindung zwischen zwei Seinsweisen gemeint, die insofern deren innere Verfassung beeinflusst, als sie auf ihre Qualität positiv oder negativ einzuwirken vermag.“ (Honneth (2003) S. 141) Sie bildet das Gegenstück zur Exteriorität, bei der die verknüpften Glieder sich indifferent, gleichgültig zueinander verhalten.

denen sich das Für-Andere ausdrückt. Es zeigt sich der Vorzug der Intuition gegenüber aller Erkenntnis.

> „Es gehört zur Struktur unserer affektiven Selbstbeziehung, uns von Anderen selbst dann beobachtet zu fühlen, wenn diese gar nicht anwesend sind. Daher ist das Erblicktwerden nicht ein raumzeitliches Ereignis, sondern eine konstitutive Bedingung meiner Beziehung auf mich selbst.“[63]

So beschreibt Sartre das Für-Andere-sein als ein ständiges Faktum der menschlichen Realität, welches es mit faktischer Notwendigkeit im kleinsten Gedanken, in dem das Bewusstsein sich als Selbst begreift, erfasst. Das Erblickt-werden verweist also auf einen anonymen Anderen oder auf ein „man“.

3.4 Das Erblicken des Anderen

Grundlegend muss nach Sartre formuliert werden: „Alles, was für mich gilt, gilt auch für den Andern.“[64] Ebenso wie jedes Ding oder An-sich kann der Andere auch - obwohl die ursprüngliche Weise, ihm zu begegnen, das Erblickt-werden ist - objektiviert werden, indem er angeblickt wird. Bei dem Anderen handelt sich allerdings um ein bevorzugtes Objekt. Dies offenbart sich in verschiedenen Phänomenen, die im Abschnitt II.5 noch thematisiert werden.

Das Für-Andere als ursprünglicher Bezug zum Anderen ist also nur eine Weise, ihm zu begegnen. Doch aus einem „emotional getönten Wunsch, existenziell den Status des Subjektes zurückzuerlangen“[65] tritt das Für-Andere dem anderen Bewusstsein entgegen. Dies kann auf authentische oder unauthentische Weise geschehen und ist abhängig von dem Umgang des ihn objektivierenden „man“.

Die unauthentische Weise betrachtet das „man“ uneingeschränkt als eine absolute subjektive Einheit, es erscheint als nicht objektivierbar.

---

[63] Honneth (2003) S. 150f.
[64] Sartre (2005) S. 638.
[65] Honneth (2003) S.153.

Dadurch

> „setze ich (…) die Ewigkeit meines Objekt-seins und perpetuiere meine Scham. Es ist die Scham vor Gott, daß heißt die Anerkennung meiner Objektheit vor einem Subjekt, das nie Objekt sein kann.“[66]

Die daraus resultierenden Verhaltensweisen sind der „Stolz“ oder die „Eitelkeit“, denn die eigenen Handlungen erscheinen nur als Spiegel, als Ausdruck der Erwartungen anonymer Anderer.
Eine andere Weise, sich dem „man“ gegenüber zu verhalten nennt Sartre *authentisch*. Das abstrakte „man“ wird nachträglich wieder in eine Vielheit Anderer zerstreut, so dass sich das Bewusstsein nur konkreten Anderen gegenübersieht und also die Blickrichtung umgekehrt werden kann. Die konkreten Verhaltensweisen sind die bereits betrachtete „Scham“ und der „Hochmut“. Im Hochmut behauptet sich das Für-sich und objektiviert den konkreten Anderen.
Daraus folgt:

> „Wenn wir uns die Sphäre des „Für-sich-seins“ als einen sozial ausgedehnten Bereich vorstellen, innerhalb dessen eine Vielzahl von Subjekten untereinander ständig die Verlusterfahrung des „Erblicktwerdens“ durch die Objektivierung eines konkreten Andern zu bewältigen suchen, dann haben wir jenes Bild eines immerwährenden Konflikts vor Augen, in dem Sartre die Vollzugsform des intersubjektiven Lebens in der Gesellschaft einfängt.“[67]

Diese Überlegungen verweisen auf das Allgemeine menschlicher Beziehungen, doch müssen wir uns der konkreten Situation bedienen, in der sich das In-der-Welt-sein manifestiert. Das Phänomen des Blickes setzt voraus, dass das Bewusstsein der Wahrnehmung Anderer zugänglich ist, sich also in und durch einen Körper manifestiert. So wird im Folgenden der Körper in seinen Erscheinungsweisen zu thematisieren sein.

---

[66] Sartre (2005) S. 518.
[67] Honneth (2003) S. 155.

4. Der menschliche Körper

4.1 Einleitung

So wie sich der Andere als grundlegend für das In-der-Welt-sein des Bewusstseins dargestellt hat, kann sich dieser dem Bewusstsein als Blickender oder als Erblickter nur durch den Körper manifestieren. Denn nur in dem Maße, wie das Bewusstsein Körper ist, kann es vom Anderen erblickt sein.
Das Bewusstsein ist nach Sartre auf grundlegende Weise im Körper verankert. Der Körper und nicht das Gehirn ist das Subjekt des Bewusstseins. Das hier zu erläuternde Körperkonzept vertritt also die These des real gelebten Körpers und umfasst drei ontologische Dimensionen.

4.2 Der Körper als Für-sich

Als erstes soll nun der Körper als Für-sich-sein vorgestellt werden, als die Faktizität. Wir sind auf das Für-sich zurückgeworfen. Es zeichnet sich durch Intentionalität aus und dadurch, dass es nicht-thetisch im Bezug auf sich selbst ist. Der Körper „ist nichts anderes als das Für-sich; er ist nicht ein An-sich im Für-sich, denn dann ließe er alles erstarren.“[68] So folgt, dass weder das Bewusstsein noch der Körper, da sie das Selbe sind, zum Objekt für das Bewusstsein im Modus des Für-sich werden können, sie können nur gelebt werden.
Das Für-sich befindet sich immer in Situation. Diese umfasst bzw. begründet die Relation Mensch - Welt, der Mensch ist in-der-Welt-seiend. Durch die Faktizität des Körpers erfährt sich das Bewusstsein in seiner Kontingenz, als nicht zu rechtfertigen. Es befindet sich in der Welt, in einer bestimmten Zeit und an einem bestimmten Ort. Der Körper

> „ist das durch das nichtende Für-sich überschrittene An-sich, von dem das Für-sich in eben diesem Überschreiten wiedererfaßt wird. Er ist die Tatsache, daß ich meine eigene Motivation bin, ohne mein eigener Grund zu sein.“[69]

---

[68] Sartre (2005) S. 549.
[69] Ebd.

Er ist die faktische Kontingenz der Existenz, er stellt also die Individuation des Engagements, das Ausdrucksmittel der Spontaneität des Für-sich dar. Der Körper begründet in der Welt einen Bezugspunkt bzw. Standpunkt: Denn

> „indem das Auftauchen meines Seins die Abstände *von einem Zentrum aus* entfaltet, bestimmt es gerade durch den Akt dieses Entfaltens ein Objekt, das selbst ist, insofern es sich durch die Welt anzeigen läßt, und von dem ich trotzdem keine Intuition als Objekt haben kann, denn ich bin es, ich, der ich Anwesenheit bei mir selbst bin als das Sein, das sein eigenes Nichts ist. So läßt sich also mein In-der-Welt-sein, einfach weil es eine Welt *realisiert*, durch die Welt, die es realisiert, sich selbst als ein Innerweltlich-sein anzeigen, und das kann gar nicht anders sein, denn es gibt keine andere Art, in Kontakt zur Welt zu treten, als *von der Welt zu sein.*"[70]

Das Bewusstsein erfährt die Welt durch den Körper, durch die Sinne des Körpers, durch die Sinnesorgane (als Versuch der Objektivierung eines Vollzugs der Wahrnehmung). Die Sinne stellen die objektive Regel der Enthüllung der Welt dar. Folglich stellen die Sinnesorgane des Körpers in gewisser Weise die Instrumente der Wahrnehmung dar, doch

> „unterscheiden [sie] sich indes von anderen Instrumenten insofern, als sie sich in dem Moment ihres Einsatzes nicht erfassen lassen. Diese Unmöglichkeit, einem einzelnen Sinn gegenüber – dem ‚sehenden Sehen' – oder meinem Körper selbst gegenüber einen Gesichtspunkt einzunehmen, ist also nach Sartre analog zu der Unmöglichkeit, ein setzendes Bewusstsein zu haben gegenüber dem eigenen Bewusstsein."[71]

Der Körper wird als dieser Körper, als dieses unhintergehbare Instrument gelebt. Anders als alle anderen Instrumente, die ihrerseits eines Instrumentes bedürfen, welches sie bedient, ist mit dem Körper als Instrument gleichursprünglich das Zentrum gegeben, welches die Instrumente mit Sinn belegt.

> „So ist dieses Zentrum ein durch das, auf es bezogene instrumentale Feld objektiv definiertes Werkzeug und zugleich das Werkzeug, das wir nicht *benutzen* können, da wir sonst ins Unendliche [im Sinne eines infiniten Regresses[72] T.M.] verwiesen wären. Dieses Instrument benutzen wir nicht, wir *sind es.*"[73]

---

[70] Ebd. S. 563.

[71] Schumacher (2003a) S. 161.

[72] In der Betrachtung des Anderen wird das Handeln als Mittel zur Erreichung eines Zieles wahrgenommen. Der Körper des Anderen erscheint so als Instrument unter Instrumenten, als Werkzeug,

Was als Körper erkannt wird, indem ein Teil davon betrachtet wird, indem er als Objekt wahrgenommen wird, ist der Körper-für-Andere. Der Körper ist analog zum Bewusstsein zu verstehen. Der Körper-für-Andere gehört dem setzenden, also dem reflexiven Bewusstsein, der Körper-für-mich dem präreflexiven Bewusstsein an. Die am Anfang dieses Abschnittes angeführte Aussage muss ergänzt werden: Der Körper als Körper-für-sich lässt sich nicht mit dem Für-sich gleichsetzen, denn das

> „nicht-setzende Bewußtsein ist Bewußtsein (von dem) Körper als von dem, was es übersteigt und nichtet, indem es sich zu Bewußtsein macht, das heißt als von etwas, das es ist, ohne es zu sein zu haben, und *worüber es hinausgeht*, um das zu sein, was es zu sein hat. Mit einem Wort, das Bewußtsein (von dem) Körper ist lateral und retrospektiv; der Körper ist das *Unbeachtete*, das «*mit Stillschweigen Übergangene*», und doch ist er das, was das Bewußtsein ist; es ist sogar nichts anderes als Körper, der Rest ist Nichts und Schweigen."[74]

Der Körper als Ausdruck des Innerweltlich-seins gründet mit seiner Position einen Standpunkt, der die Welt in einer spezifischen, individuellen Perspektive erfahrbar macht. „Auftauchen [des Bewusstseins in der Welt T.M.] ist für mich, meine Distanzen zu den Dingen entfalten und eben dadurch machen, daß es Dinge gibt."[75] So ist die Erkenntnis, die sich definitorisch erst im reflexiven Bewusstsein bildet, immer auf einen Standpunkt angewiesen.

> „So kann die Erkenntnis nur ein Auftauchen sein, das in einem bestimmten Gesichtspunkt engagiert ist, der man *ist*. Sein ist für die menschliche-Realität *Da-sein*; das heißt «da auf diesem Stuhl», «da an diesem Tisch», «da auf dem Gipfel des Berges, mit diesen Dimensionen, dieser Ortientierung usw.». Das ist eine ontologische Notwendigkeit."[76]

Diese Notwendigkeit wurde bereits angedeutet: Das Bewusstsein wurde bestimmt als ein nicht zu Rechtfertigendes. Die Kontingenz manifestiert sich in der Unmöglichkeit

---

um andere Werkzeuge zu nutzen. Der eigene Körper erscheint aus dieser objektivierenden Perspektive ebenso als Werkzeug, mit dem eine technische Beziehung eingegangen wird, dadurch, dass er objektiviert wird. „Wenn es allerdings immer eines anderen Instruments bedarf, um ein Instrument zu benutzen, benötige ich demnach ein Instrument für den Umgang mit meinem Körper-Instrument. Damit bin ich in das Reich des Unendlichen verwiesen." (Schumacher (2003a) S. 166) Somit erschließt sich der Körper als „nicht benutzbares, unhintergehbares Werkzeug."

[73] Sartre (2005) S. 573.

[74] Ebd. S. 583.

[75] Ebd. S. 547.

[76] Ebd. S. 548.

der Selbstbegründung ebenso wie in der Tatsache, dass das Bewusstsein seinen je eigenen Standpunkt einnimmt, weiterhin aber auch dadurch, dass es aufgrund des Engagements, welches das Bewusstsein ist, durch seine sich selbst charakterisierende Spontaneität einen sich im Körper manifestierenden konkreten Gesichtspunkt einnimmt, diesen einnehmen muss und nicht einen anderen oder gar keinen einnehmen kann. „Mein Körper ist schließlich die essentielle Bedingung für die Existenz einer Welt und die kontingente Verwirklichung dieser Bedingung.“[77]

Das *Bewusstsein (vom)* Körper, das sich dem setzenden Bewusstsein entzieht, ist eins mit der Affektivität. Da das Bewusstsein nur in der Welt und auf die Welt gerichtet existieren kann, ist die Affektivität immer gerichtet auf etwas Bestimmtes. Sie beinhaltet bereits eine Richtung, sie ist ein Überschreiten, eine interne Negation. Sie verweist uns also auf die Ebene der Transzendenz und der Wahl, das heißt als konstituierte Affektivität verweist sie auf einen Entwurf. So ist beispielsweise Wut nicht ungerichtet, sondern weist immer auf etwas Bestimmtes. Von dieser Affektivität ist eine ursprüngliche zu trennen, die sich im physischen Schmerz offenbart, sich also auf die eigene Kontingenz bezieht und ihren Ausdruck im Körper findet. Der Schmerz ist, Sartres Ausführungen folgend, nicht ein Objekt der Welt, sondern eine Kontingenz der Wahrnehmung. Der physische Schmerz ist so Ausdruck für die Weise, wie das Für-sich seine Kontingenz spontan durch die Einnahme eines Standpunktes, dem des Schmerzes, existiert. Das Bewusstsein, welches sich auf der reflexiven Ebene bildet und sich im angeführten Beispiel als Leiden bzw. *Bewusstsein (von)* Leiden ausweist, nennt Sartre den *psychischen Körper*. Das Leiden

> „ist meins in dem Sinn, daß ich ihm seinen Stoff gebe. Ich erfasse es durch ein gewisses passives Milieu gestützt und genährt, dessen Passivität die genaue Projektion der kontingenten Faktizität der Schmerzen, die *meine* Passivität ist, in das An-sich ist.“[78]

Der Körper, das „unhintergehbare Instrument“ verweist also durch sich selbst auf seine eigene Faktizität. Dieser wird nicht erkannt in dem Sinne, wie ein Objekt erkannt wird, denn

> „die Reflexion, die das Schmerzbewusstsein zu erfassen sucht, ist noch nicht kognitiv. Sie ist in ihrem ursprünglichen Auftauchen Affektivität. Sie erfaßt das Leiden

[77] Schumacher (2003a) S. 168.
[78] Sartre (2005) S. 595.

zwar als ein Objekt, aber als ein affektives Objekt. Man richtet sich auf den Schmerz nur, um ihn zu hassen, ihn mit Geduld zu ertragen, ihn als unerträglich wahrzunehmen, (…) um ihn irgendwie zu valorisieren. (…) Das Leiden wird also keineswegs erkannt, es wird *erlitten*, und in gleicher Weise enthüllt sich der Körper durch das Leiden, und das Bewußtsein erleidet es ebenso.“[79]

So wird deutlich, dass im Phänomen des Schmerzes, in der ursprünglichen Affektivität des Bewusstseins als *Bewusstsein (von)* Körper das Bewusstsein durch das Ansich in der Passivität des Erleidens wiedererfasst wird. Diese ständige Anwesenheit des Körpers, dieses ständige Sich-Enthüllen des Körpers für das Bewusstsein nennt Sartre den *Ekel*. Demgegenüber bildet das durch die Reflexion Erlittene, beispielsweise die Liebe oder der Hass, welche je einen Bezug zur Welt durch den geliebten oder gehassten Bewusstseinsinhalt haben und somit im Entwurf *Bewusstsein (von)* Welt sind, eine Projektion in das An-sich, in das Objekt des Bewusstseins. Anders formuliert bedeutet dies:

„Wenn meine Kopfschmerzen so stark sind, dass ich nicht mehr länger arbeiten kann, dann sind die Kopfschmerzen zwar wirklich, aber der Punkt, an dem sie mich dazu bringen, den Stift aus der Hand zu legen (…) ist nicht vom Kopfschmerz selbst vorgegeben; das Nicht-mehr-können ist immer auch ein Nicht-mehr-wollen. Ich beschließe, dass jetzt der Punkt erreicht ist, um die Arbeit zu unterbrechen.“[80]

Bisher „können wir (…) festhalten, daß dieser psychische Körper als Projektion der Intrakontextur des Bewusstseins auf die Ebene des An-sich den impliziten Stoff *aller* Phänomene der Psyche ausmacht.“[81]

Zur Bereicherung der vorkognitiven Reflexion des Körpers mit kognitiven Strukturen werden wir nun den Körper-für-den-Anderen betrachten.

[79] Ebd. S. 596.
[80] Lommel (2008) S. 15.
[81] Sartre (2005) S. 596.

4.3 Der Körper-für-Andere

Die zweite hier zu betrachtende ontologische Dimension des Körpers ist der Körper-für-Andere.

> „[D]er Körper kennt die selben Metamorphosen wie das Für-sich selbst. (...) Er existiert auch *für den Anderen.* (...) Dabei läuft es auf dasselbe hinaus, ob man die Art untersucht, in der *mein* Körper dem Andern erscheint, oder die, in der der Körper Anderer mir erscheint."[82]

Im Folgenden wird die zweite Variante untersucht werden.

Die Begegnung zweier Für-sich manifestiert sich nicht zunächst in der Körperlichkeit, im Erblicken des Körpers des Anderen, wie bereits durch den Blick deutlich geworden ist. Denn so wäre der Andere lediglich in einer Exterioritätsbeziehung dem Bewusstsein gegeben. Vielmehr erscheint er in einem Interioritätsverhältnis zuerst als blickendes Bewusstsein. In einem zweiten Moment wird der Andere in seinem Körper erkannt aus der Perspektive des Körpers-für-sich. So erblickt das Bewusstsein im Anderen ein Objekt, ein Instrument, auf das sich andere Objekte, andere Instrumente wie auf ein Zentrum beziehen, sofern sie von ihm erkannt und benutzt werden können. Weiterhin ist der Körper des Anderen Teil der Welt, der sich dem Bewusstsein in der Wahrnehmung darbietet und verweist somit, wie alle anderen Objekte auf den Körper des blickenden Bewusstseins zurück. „Ich erfasse den Andern nie als Körper, ohne gleichzeitig in nicht expliziter Weise meinen Körper als das durch den Andern angezeigte Bezugszentrum zu erfassen."[83] Er gliedert sich also als ein Objekt in die Reihe der sich um das Bewusstsein gruppierenden Dinge, worin er zur Erkenntnis-als-Objekt[84] wird und auf die eigene Körperlichkeit zurückweist. Der Körper des Anderen erscheint nicht in der Weise, wie sich die Dinge in der Welt darbieten. Der Körper ist lebendiges Fleisch, somit ist er

[82] Ebd. S. 598.

[83] Ebd. S. 606.

[84] Vgl. Sartre (2005) S. 601f. Da aber die Erkenntnis, die der Andere von mir hat, mir in jedem Fall entgeht, bleibt sie leer, da ich nie über die erkannte Erkenntnis durch den Anderen Gewissheit haben kann wie über meine eigene Erkenntnis. So erscheint mir im Anderen das bloße Sein der Erkenntnis, sie ist bloße Eigenschaft des Anderen. Diese Erkenntnis, die durch den Sinn sich begründet und sich in ihm manifestiert, wird somit im Anderen erkennend erkannter Sinn.

„vielmehr als Bezugszentrum für eine ihn umgebende Situation gegeben, als ein Körper in Situation, der von Kontingenz gekennzeichnet ist und von Instrumenten bestimmt wird, die um ihn her sind und ihn als Zentrum ausweisen. (…) So erfasse ich den Körper des Andern nicht nur von einer totalen Situation (aus einer *Umwelt*) her, die ihn anzeigt, sondern ich nehme jedes beliebige Organ des Körpers des Andern immer in Relation zur Totalität seines Fleisch-Körpers wahr."[85]

So ist der Körper des Anderen, da er das Objekt ist, das durch seine Handlungen über sich hinausweist, dem Bewusstsein so gegeben, wie er ist, als Möglichkeit der fortwährenden Überschreitung hin zur Verwirklichung seiner Möglichkeiten. Es zeigt sich der Unterschied, den das „lebendige Fleisch" im Gegensatz zum Leichnam ausmacht: Der Körper des Anderen ist durch seine Eigenheit, Bezugszentrum zu sein, bedeutend. Beim Leichnam bezieht sich diese Bedeutung allerdings auf die Vergangenheit. Der lebendige Körper hingegen ist in der Gegenwart in seinen Handlungen auf eine Zukunft gerichtet.

„Der Körper ist [in der Gegenwart T.M.] Totalität der bedeutenden Beziehungen zur Welt: in diesem Sinn definiert er sich auch durch die Beziehung zur Luft, die er atmet, zum Wasser, das er trinkt, zum Fleisch, das er ißt. (…) Es gibt keinen Wesensunterschied zwischen dem als Totalität verstandenen Leben und dem Handeln."[86]

So verweist der Körper des Anderen auf das psychische Objekt, welches außerhalb seiner nicht wahrgenommen werden kann und doch durch ihn handelt.
Es drängt sich hier nun der Begriff des Charakters auf. Er wird in diesem Kontext nur als Erkenntnisobjekt für den Blickenden verstanden, dem reflexiven Bewusstsein. So unterscheidet sich der Charakter nicht von seiner Faktizität, die er durch die Vergangenheit gewonnen hat. Doch dadurch, dass der Andere die Situation auf seine Möglichkeiten überschreiten kann, indem er durch seine Handlungen die Situation modifiziert, wird er als frei erfahren. Dies ist überhaupt erst die grundlegende Bedingung der Situation. So ist der Andere Freiheit-als-Objekt.

„In diesem Sinne erscheint der Andere als das, was von einer fortwährend modifizierten Situation her verstanden werden muß. Er ist das, was macht, daß der Körper immer das *Vergangene* ist. In diesem Sinn bietet sich uns der Charakter des Andern als das *Überschrittene* dar."[87]

[85] Schumacher (2003a) S. 171.
[86] Sartre (2005) S. 607f.
[87] Ebd. S. 617.

So sind Körper und Charakter Kategorien der Reflexion und verweisen auf die Vergangenheit. Doch der Körper ist immer „Körper-der-über-sich-selbst-hinausweist.“[88] Zum Einen weist er über den Raum hinaus, indem er die Situation schafft, also die Dinge um ihn als Bezugsobjekte oder Instrumente gruppiert und modifiziert; zum Anderen, gerade durch die Möglichkeit der Modifikation, verweist er auf die Zeit. So darf der

> „Körper des Andern (...) nicht mit seiner Objektivität gleichgesetzt werden. Die Objektivität des Andern ist seine Transzendenz als transzendierte. Der Körper ist die Faktizität dieser Transzendenz. Aber Körperlichkeit und Objektivität des Andern sind streng untrennbar.“[89]

4.4 Die dritte ontologische Dimension des Körpers

Bisher haben wir die ontologischen Dimensionen des Körpers untersucht, in denen der Körper als Körper-für-sich gelebt oder aus dem Gesichtspunkt eines Anderen, als ein Objekt betrachtet wurde. Doch in diesem Erblickt-werden realisiert sich das Für-Andere, oder genauer formuliert, da es sich in einer konkreten Situation zuträgt, das Für-Andere-da-sein. Gerade durch die Situation, die auf die Faktizität verweist, ist das Da-sein der Körper. Der Körper als die Faktizität, durch den die Welt erst erscheint, verweist genau wie die Welt auf den eigenen Standpunkt. In dieser Faktizität, im Erblickt-werden durch den Anderen wird der Körper für den Anderen zum Ansich.

> „Mein Körper ist da, nicht nur als der Gesichtspunkt, der ich bin, sondern auch als ein Gesichtspunkt, dem gegenüber jetzt Gesichtspunkte eingenommen werden, die ich nie werde einnehmen können; er entgeht mir nach allen Seiten. Das bedeutet zunächst, daß diese Gesamtheit von Sinnen, die sich nicht selbst erfassen können, sich als woanders und durch Andere erfaßt darbietet.“[90]

Er wird als Instrument unter anderen erfasst, ebenso wie der Körper des Anderen erfasst wurde. Doch gerade da sich das Bewusstsein dessen gegenwärtig ist, wird der Körper oder Organe des Körpers zu Dingen außerhalb der Subjektivität, die sich auf

[88] Ebd. S. 618.
[89] Ebd.
[90] Ebd. S. 620.

das Bezugszentrum „Anderer" beziehen. „Mein Körper wird als entfremdeter bezeichnet. Die Erfahrung meiner Entfremdung vollzieht sich in affektiven Strukturen wie der *Schüchternheit* und durch sie."[91] In der Schüchternheit realisiert sich das ständige *Bewusstsein (vom)* eigenen Körper, wie er für den Anderen ist. Dies formuliert Sartre im Begriff des *psychischen Quasi-Objekts*. Damit ist gemeint, dass er auf einer vorkognitiven Stufe als entfremdet erfahren wird und jede Objektivierung, die sich erst dem reflexiven Bewusstsein erschließt, ihr in diesem Erleben voraus geht. So ist, wie bereits angedeutet, der Blick des Anderen bzw. das Erblickt-werden durch den Anderen grundlegende Bedingung für das reflexive Bewusstsein, welches den Körper bzw. das Bewusstsein intuitiv setzt, das heißt in einen quasi-objektiven Status versetzt. Die sich so im reflexiven Bewusstsein bildenden Begriffe (das Sein des Phänomens) über den Körper als Objekt erschließen erst ein Erkennen des Körpers im kognitiven Sinn. Zur Verdeutlichung kommen wir auf das Schmerzerlebnis zurück: Als erfahrenes Leiden ist der Schmerz ein Unaussprechliches, lediglich kann die erlittene Gestalt, welche sich vor dem Hintergrund des existierenden Körpers abhebt, erfahren werden. Das objektive Wissen, was sich nun auf die Region des Schmerzes bezieht, ist das Wissen von einer gewissen objektiv erkannten Natur des Körpers. Dieses Wissen, welches sich in der Anatomie, der Untersuchung verdinglichter, weil toter Körper gründet, dient so zur Rekonstruktion im Lebendigen als Physiologie. Der Begriff des Ekels, der bereits als Erfahrung der eigenen Faktizität beschrieben wurde, kann nun erweitert werden durch die Erkenntnis davon, die Faktizität zu benennen.

Der Sinn des eigenen Körpers kann nicht erfasst werden, denn so, wie das Bewusstsein nicht gleichzeitig das Für-sich und das Für-Andere zu realisieren im Stande ist, kann sich der Körper nicht gleichzeitig als bedeutend und bedeutet ausweisen.

---

[91] Ebd. S. 622.

5. Die konkreten Beziehungen zum Anderen[92]

5.1 Einleitung

In dem Versuch, den Menschen anhand seiner grundlegenden Strukturen zu verstehen bzw. zu beschreiben, kommen wir nun zu den konkreten Beziehungen zum Anderen. Die Grundlagen der sich hier formulierten Ontologie sollen nun weiter betrachtet werden, um sie auf konkrete Situationen anwenden zu können. Diese werden sich, wie bereits deutlich geworden ist, in den Dimensionen des Für-sich und des Für-Andere bewegen, in der Weise der Objektivierung des Anderen und der Objektivierung durch den Anderen.

> „Diese beiden Versuche, die ich bin, sind entgegengesetzt. Jeder von ihnen ist der Tod des andern Versuchs, das heißt, das Scheitern des einen motiviert die Anwendung des andern. Es gibt also keine Dialektik meiner Beziehungen zu Anderen, sondern einen Zirkel – wenn auch jeder Versuch um das Scheitern des andern Versuchs bereichert wird."[93]

Das Für-sich versucht sich von dem Zugriff des Anderen, von der Objektivierung durch den Anderen, die es im Blick erfährt und im Für-Andere realisiert, zu befreien, um seiner eigenen Möglichkeiten wieder gewahr zu werden. Ebenso wird sich der Andere verhalten, wenn er sich als erblickt erkennt. So sind die Beziehungen aus einer Konfliktperspektive zu verstehen, vergleichend den Ausführungen zu „Herr und Knecht". Diese Ideen Hegels werden von Sartre allerdings in fundamentalerer Weise interpretiert. Der Konflikt stellt den ursprünglichen Sinn der Beziehungen zu dem Anderen dar. Diese unvermittelnde Perspektive Sartres wurde von vielen Seiten kritisiert. So schreibt beispielsweise Flynn (2003), dass sich Sartres Perspektive des sozialen Pessimismus nur überwinden lässt

---

[92] Aufgrund des Umfangs der vorliegenden Studie kann es im Folgenden nur darum gehen, die Beziehungen zu einem Anderen zu untersuchen. Unbeachtet muss hier die Situation bleiben, in der ein Mensch sich einer Vielzahl Anderer gegenüber sieht. Grundlegende Andeutungen finden sich bereits im Abschnitt II.3.3: Das anonyme „man" – Die Allgemeinheit des Anderen. So wird sich die spätere Betrachtung des Filmerlebnisses auch nur auf diese rein individuelle Begegnung beschränken müssen.

[93] Sartre (2005) S. 637.

„wenn die scheinbar zeitlose Analyse in ihren historischen Kontext eingebunden wird..., [sie] auf Beziehungen in einer de facto ausbeuterischen und unterdrückenden Gesellschaft beschränkt werden kann."[94]

Wie sich zeigen wird, sind innerhalb der grundlegenden Versuche verschiedene Möglichkeiten gegeben, sich dem Anderen gegenüber zu verhalten bzw. ihm gegenüber zu handeln. Sie sind aber insoweit kategorisiert, als dass sie zu einer angemessenen Beschreibung des menschlichen Verhaltens herangezogen werden können. Beide Dimensionen sind nach Sartre grundlegend für das menschliche Leben. Der Mensch bedarf beider Haltungen, dem Für-sich und dem Für-Andere, um sich als Mensch mit all seinen Potentialen zu realisieren.

5.2 Die erste Haltung gegenüber dem Anderen: die Liebe, die Sprache, der Masochismus

Da der Andere das einzige Wesen ist, welches die Subjektivität durch den Blick objektivieren kann, bietet er somit auch die Grundlage der Möglichkeit, sich dem Ideal des An-sich-für-sich zu nähern. Ziel ist es gerade, sich selbst als eine Identität auszuweisen, die nur durch den Anderen in Situation, also in der Gegenwart realisiert werden kann.

„Wenn es das allgemeine ontologische Ziel des Für-sich-seins (...) ist, bewusst selbst-identisch zu sein, (...) dann wird dieses Ziel auf sozialer Ebene durch das ebenso unmögliche Ideal des Besitzes der Freiheit des Anderen als Freiheit verfolgt."[95]

So muss der Andere als freies Bewusstsein, das heißt als Subjektivität anerkannt werden.

„Es geht mir nämlich darum, mich sein zu machen, indem ich die Möglichkeit erwerbe, mir gegenüber den Gesichtspunkt des andern einzunehmen. Aber es geht nicht darum, eine bloß abstrakte Erkenntnisfähigkeit zu erwerben. (...) Sondern

[94] Flynn, Thomas: Die konkreten Beziehungen zu Anderen. In: Schumacher, Bernard N. (Hrsg.): Jean-Paul Sartre. Das Sein und das Nichts. Klassiker Auslegen, Bd. 22. Berlin 2003, S. 178.
[95] Flynn (2003) S. 179.

> anläßlich der konkreten, erlittenen und empfundenen Erfahrung des andern will ich mir diesen konkreten Andern als absolute Realität in seiner Alterität einverleiben."[96]

Realisiert werden soll dies, indem die Haltung des Erblickt-seins bzw. des Für-andere-seins übernommen wird, also die eigene Objektheit als Instrument verwendet wird, um sich des Anderen zu bedienen. „Sich selbst ein Anderer sein - immer konkret angestrebtes Ideal in der Form, sich selbst *dieser Andere* zu sein -, das ist der erste Wert der Bezüge zu Anderen."[97] Der Andere soll samt seiner Freiheit, die ihm durch das Für-Andere zugestanden wird, assimiliert werden, jedoch unter der Prämisse, dass die Subjektivität diese Freiheit kontrollieren kann.
So formuliert Sartre nun die Liebe als eine Art des Für-Andere-seins.

> „Er [der Liebende T.M.] will von einer Freiheit geliebt werden und verlangt, daß diese Freiheit als Freiheit nicht mehr frei sei. Er will sowohl, daß die Freiheit des andern sich selbst dazu bestimmt, Liebe zu werden – und das nicht nur zu Beginn des Abenteuers, sondern jeden Augenblick -, als auch, daß diese Freiheit *durch sich selbst* gefangengenommen wird, daß sie sich, wie im Wahn, wie im Traum, auf sich selbst zurückwendet und ihre eigene Gefangenschaft will. (...) Weder einen Leidenschaftsdeterminismus noch eine unerreichbare Freiheit begehren wir beim Andern in der Liebe: sondern eine Freiheit, die den Leidenschaftsdeterminismus *spielt* und ihr Spiel ernst nimmt. Und für sich selbst verlangt der Liebende nicht, *Ursache* dieser radikalen Modifikation zu sein, sondern ihr einziger und bevorzugter Anlaß. (...) In der Liebe will der Liebende (...) für den Geliebten «alles auf der Welt» sein: das bedeutet, daß er sich auf die Seite der Welt stellt; er ist das, was die Welt zusammenfaßt und symbolisiert, er ist ein *Dieses*, das alle anderen «Dieses» umschließt, er ist *Objekt* und willigt ein, es zu sein. Doch andererseits will er das Objekt sein, in dem sich zu verlieren die Freiheit des Andern einwilligt, das Objekt, in dem der Andere sein Sein und seinen Seinsgrund als eine sekundäre Faktizität zu finden einwilligt; das Grenz-Objekt der Transzendenz, auf das hin die Transzendenz des Andern alle anderen Objekte transzendiert, das aber von ihr in keiner Weise transzendiert werden kann."[98]

Anders formuliert ist der Geliebte für den Liebenden der Welthintergrund, durch den sich die Dinge erst mit einem Wert besetzen, sich von der Welt abheben. Die Liebe aber, wird man einwenden können, ist etwas nicht rational Erfassbares, ein „behexter Antrieb"[99], der das Innere einnimmt, ohne dass es zu einem bewussten Entschluss

---

[96] Sartre (2005) S. 639f.
[97] Ebd. S. 640.
[98] Ebd. S. 643f.
[99] Ebd. S. 645.

kommt, zu lieben. Sie verweist vielmehr auf einen Entwurf, der keineswegs erkannt sein muss. Wie noch deutlich werden soll, kann es sich hier nur um den Grundentwurf handeln. Wir befinden uns also mit dem Gefühl der Liebe im Bereich der Emotionen, die sich auf eine nonverbale Ebene verweisen und so den Grundentwurf im Modus des Erlebens zum Ausdruck bringen. Die Thematisierung der Emotionen wird im Abschnitt III.1.7 noch erfolgen.

Das Bewusstsein will sich in dem Modus der Liebe als Geliebter den Anderen aneignen, indem es sich zum faszinierenden Objekt macht. Es setzt sich also bewusst der Gefahr des Erblickt-seins aus, um den Anderen zu verführen. Hier ergibt sich für die Liebe aber ein Problem:

> „Ich verlange, daß der Andere mich liebt, und ich setze alles daran, meinen Entwurf zu realisieren; aber wenn der andere mich liebt, enttäuscht er mich radikal gerade durch seine Liebe: ich fordere von ihm, daß er mein Sein als bevorzugtes Objekt begründe, indem er sich mir gegenüber als reine Subjektivität erhält; und sobald er mich liebt, empfindet er mich als Subjekt und versinkt angesichts meiner Subjektivität in seine Objektivität. Das Problem meines Für-Andere-seins bleibt also ungelöst, die Liebenden bleiben jeder für sich in einer totalen Subjektivität; nichts entbindet sie von ihrer Pflicht, sich jeder für sich existieren zu machen.“[100]

Es wird deutlich, dass in der Liebe der Versuch unternommen wird, den Anderen als Subjektivität einzunehmen und dadurch die eigene Objektivität im Anderen zu besitzen. Doch im Entwurf geliebt zu werden, also sich als bevorzugtes Objekt des Anderen zu manifestieren, bedarf es nicht allein der Faszination, die dem faszinierenden Objekt entgegengebracht wird. Es muss noch etwas hinzukommen. Nimmt man die Perspektive der anderen Seite ein, so wählt sich der Liebende als Liebender, aber er benötigt die Liebe des Anderen, um das Objekt zu werden, welches den Welthintergrund für den Anderen darstellt. Der Andere, hier der Geliebte muss sich also als geliebt erkennen:

> „Die Liebe kann also beim Geliebten nur aus der Erfahrung seiner Entfremdung und seiner Flucht zum Andern hin entstehen. Aber wiederum wird sich der Geliebte, wenn es so ist, nur dann in einen Liebenden verwandeln, wenn er sich darauf hin entwirft, geliebt zu werden, das heißt, wenn das, was er erobern will, nicht ein Kör-

[100] Ebd. S. 658.

> per, sondern die Subjektivität des andern als solche ist. (...) So scheint uns, daß lieben in seinem Wesen der Entwurf ist, zu machen, daß man geliebt wird."[101]

Diese Haltung ist somit aktiv in ihrer Ausrichtung, denn die eigene Subjektivität wird insofern bewahrt, als dass man sich als liebend erfahren will im Zustand des geliebten Objekts und gerade dadurch der Objektivität entgeht.
Die Möglichkeiten, sich zu einem faszinierenden Objekt zu machen, welches die Grundlage des geliebten Objekts darstellen soll, bietet die Sprache. Sie wird hier als Sammelbegriff aller Ausdrucksphänomene verwendet. Der Begriff des Ausdrucks wird im Folgenden verstanden als Realisierung und Verwirklichung der Bedeutung selbst, das heißt der Handlungen.[102] Sie umfasst das artikulierte Wort als einen abgeleiteten und sekundären Modus. Die Sprache ist das Für-Andere-sein. Da sie also auf die präreflexive Ebene der Intersubjektivität verweist, ist sie nicht primär Erkenntnisgewinn, sondern notwendiger Ausdruck der Subjektivität durch den Körper, die bei dem konkreten Anderen Empfindungen erzeugen können.

> „Demnach kenne ich meine Sprache nicht besser als meinen Körper für den Anderen. (...) Das Problem der Sprache ist dem der Körper genau parallel, und die Beschreibungen, die im einen Fall gelten, gelten auch im andern."[103]

Es kann folglich keine Gewissheit bestehen, welche Wirkung man auf den Anderen hat:

> „Ich weiß nie genau, ob ich das bedeute, was ich bedeuten will, nicht einmal, ob ich bedeutend *bin*; gerade in diesem Augenblick müßte ich im Andern das lesen, was grundsätzlich undenkbar ist."[104]

Die Sprache kann anhand ihrer Ausdrucksformen in verbale und nonverbale Sprache[105] oder Gebärden unterschieden werden. Zum Einen erscheint der Standpunkt des

---

[101] Ebd. S. 656.
[102] Vgl. Merleau-Ponty (2008).
[103] Sartre (2005) S. 655.
[104] Ebd. S. 654.
[105] Diese Differenzierung ist durch die Unterscheidung der Sprache bei Merleau-Ponty in Natur-Gebärde und Kultur-Sprache angeregt (vgl. Phänomenologie der Wahrnehmung S. 207ff.). Auch wenn sich in Sartres Werk keine explizite Sprachtheorie finden lässt, sehen wir hier die Möglichkeit der Übernahme dieses Konzeptes aufgrund verschiedener Parallelen im Denken dieser beiden Philosophen. Dies soll im Abschnitt III.1.8 noch explizit diskutiert werden. Hier sei erst einmal darauf hingewiesen, dass die getroffene Unterscheidung im Späteren nötig sein wird, um den Film als

Bewusstseins als Faktizität durch den Körper und verweist somit auf eine absolute Vergangenheit, auf eine Allgemeinheit der Physis. Zum Anderen erscheint der Standpunkt nur unter der Prämisse der Situation und verweist dementsprechend auf das Individuelle, auf die eigene Vergangenheit. Sie sind, da sie ihren Bezugspunkt im Körper begründen, nicht voneinander trennbar, sie müssen beide untrennbar als Ausdruck des In-der-Welt-seins verstanden werden und das heißt bei Sartre als Realisierung des Entwurfs, als Wahl der Freiheit.

Jede Handlung ist ein Erleben, unabhängig von der Ebene der Setzung des Bewusstseins, denn jedes Bewusstsein ist ein Bewusstseinserlebnis, indem es sich durch seinen Inhalt setzt. Sprechen ist eine Art des menschlichen Ausdrucks. „[D]as Wort selbst ist Träger des Sinnes, und indem ich diesen dem Gegenstand zuschreibe, bin ich mir gänzlich bewußt, den Gegenstand selbst zu treffen.“[106] Ihr Sinn beruht auf gelernten Konventionen. Sie verweisen auf Gewohnheiten der Existenz. Die körperliche Mimik und Gestik müssen in gleicher Weise als Ausdruck verstanden werden. Sie dürfen nicht als natürliche Zeichen betrachtet werden, sondern als Art des In-der-Welt-seins.

> „Von „natürlichen“ Zeichen könnte ja überhaupt nur die Rede sein, wären durch unsere anatomische Leibesorganisation gegebenen „Bewußtseinszuständen“ je bestimmte Gesten zugeordnet. In Wahrheit aber ist z.B. die Mimik des Zornes oder der Liebe nicht dieselbe bei einem Japaner und einem Abendländer. Genau genommen besagt die unterschiedliche Mimik eine Differenz der Emotionen selber.“[107]

Der Andere enthüllt im Zuhören oder Betrachten der Gesten seine Freiheit, die Sprache verweist auf eine Transzendenz. In diesem Sinn ist die Sprache für den Sprecher heilig, da sie über die Welt hinaus verweist. Für den Anderen ist das Wort allerdings bloße Eigenschaft eines magischen Objekts[108], das der Sprecher ist, denn die „Haltungen, die Ausdrücke und die Worte können immer nur andere Haltungen, andere Ausdrücke und andere Worte anzeigen.“[109]

Kommunikation auf verschiedenen Ebenen zu interpretieren. Dies kann in diesen Ausführungen nur stichwortartig anklingen, denn es geht uns vielmehr um die allgemeinen menschlichen Grundlagen, die sich bei Sartre finden lassen, die eine Grundlage des Verstehens der Betrachtung von Filmen bieten als um eine Kommunikationstheorie des Films.

[106] Merleau-Ponty (2008) S. 211.

[107] Ebd. S. 223.

[108] Eine genauere Darstellung findet sich im Abschnitt III.1.7.

[109] Sartre (2005) S. 655.

Ein von der Liebe zu unterscheidender Versuch, sich dem Ideal des An-sich-für-sich zu nähern, folgt einem entgegen gesetzten Weg. Es wird versucht, sich vom Anderen als Objekt absorbieren zu lassen, sich passiv objektivieren zu lassen, um sich der eigenen Subjektivität zu entledigen. Dies nennt Sartre die masochistische Haltung. Da das Objekt-sein durch die Scham erfahren wird, ist sie als tiefes Zeichen der eigenen Objektheit gewollt und geliebt. Je mehr nun der Masochist versucht, diese Scham, diese Objektheit zu genießen, umso mehr erfährt er sich als Subjektivität, denn er benutzt den Anderen, er macht ihn zum Instrument und somit zum Objekt, welches ihn objektivieren soll.

> „Die Objektivität des Masochisten entgeht ihm also auf jeden Fall, und es kann sogar vorkommen, ja es kommt am häufigsten vor, daß er die Objektivität des Anderen findet, wenn er seine zu erfassen sucht, was gegen seinen Willen seine Subjektivität freisetzt."[110]

Da auch dieser Versuch zum Scheitern verurteilt ist, somit immer vom Bewusstsein des Scheiterns begleitet wird, ist es dieses Scheitern des Verlusts der Subjektivität selbst, was der Masochist als Hauptziel sucht.
Eine entgegengesetzte Möglichkeit, sich dem Anderen gegenüber zu verhalten, besteht darin, ihn anzublicken und somit die zweite Haltung ihm gegenüber zu verwirklichen.

5.3 Die zweite Haltung gegenüber dem Anderen: die Gleichgültigkeit, die Begierde, der Sadismus, der Hass

Man kann den Versuch, das An-sich-für-sich zu erreichen in zwei Weisen interpretieren. Eine Haltung versucht, ein An-sich zu gewinnen, da es der Subjektivität mangelt. Anders formuliert geht es um das Entledigen des Für-sichs, gerade weil es zu viel Subjektivität besitzt. Dies wurde gerade beschrieben. In der nun zu bestimmenden zweiten Haltung gegenüber dem Anderen geht es dem Bewusstsein um die Betrachtung des Andern als reines Objekt, um die eigene Subjektivität zu erhalten, da es sich im ursprünglichen Bezug zum Anderen als Objekt erfährt. Wo in der ersten Haltung

[110] Ebd. S. 663.

der Andere als Subjektivität erhalten werden sollte, wird nun ein anderer Versuch unternommen, sich selbst im Modus der Subjektivität zu erfahren, um dem Zuwenig an Subjektivität im Modus des Für-Andere-seins zu begegnen. Es muss allerdings Erwähnung finden, dass es hier nicht um einen Vorrang der „ersten Haltung“ gegenüber der „zweiten“ geht, denn die Reaktion auf das fundamentale Für-Andere, welches sich im Blick offenbart, erfordert eine Reaktion, die entweder als diese oder jene gewählt werden kann.

Eine Weise, dem Anderen zu begegnen, ihm immer in der Weise eines Blickenden entgegenzutreten, nennt Sartre die Gleichgültigkeit gegenüber den Anderen:

> „Ich achte kaum auf sie, ich handele, als wäre ich allein auf der Welt; ich streife «die Leute», wie ich Mauern streife, ich gehe ihnen aus dem Weg, wie ich Hindernissen aus dem Weg gehe, ihre Objekt-Freiheit ist für mich nur ihr «Widrigkeitskoeffizient»; ich stelle mir nicht einmal vor, daß sie mich anblicken könnten.“[111]

Diese Blindheit, dieses Abschwören, sich als erkannt zu erfahren ist also der entgegen gesetzte Zustand der Schüchternheit. Doch gerade in dieser Negierung der eigenen Objektivität gegenüber dem Anderen bleibt eine Empfindung der Unzulänglichkeit und des Mangels. Das angestrebte Ziel, ebenso Subjektivität wie Objektivität zu sein, kann in dieser Haltung zur Welt nicht realisiert werden. Die Gleichgültigkeit ist somit eine bestimmte Weise, sich einen Teil der eigenen Möglichkeiten vorzuenthalten und muss somit als verfehlt betrachtet werden.

Eine andere Möglichkeit, den Anderen als Objekt zu betrachten sieht Sartre in der sexuellen Begierde.[112] Man könnte meinen, sie sei als eine weitere Bezugsweise zum Anderen, ebenso gedeutet wie die Gleichgültigkeit, ein bloßes Benutzen des Körpers des Anderen; doch schreibt Sartre, sie gehöre zu den fundamentalen Strukturen des Für-andere-seins. Sie betrifft also die Art, in welcher sich das Bewusstsein entwirft, das heißt eine grundlegende Weise des Zur-Welt-seins:

> „Die primäre Wahrnehmung der Sexualität des Andern, insofern sie erlebt und erlitten wird, kann nur die *Begierde* sein; indem ich den andern begehre (…) oder indem ich sein Mich-Begehren erfasse, entdecke ich sein Geschlechtlich-sein; und die Be-

[111] Sartre (2005) S. 666.

[112] Sartre betrachtet die empirische Geschlechtlichkeit als kontingent. Somit hat sie keine Relevanz für die Ausführungen (vgl. Flynn (2003) S. 183).

gierde enthüllt mir *gleichzeitig mein* Geschlechtlich-sein und *sein* Geschlechtlich-sein, *meinen* Körper als Geschlecht und *seinen* Körper."[113]

Sie deutet also als Erregtheit des Körpers als Aufgewühltheit oder Getrübtheit des Bewusstseins in den Bereich des Nonverbalen, der Emotionen.[114] Die Begierde ihrerseits verweist immer neben dem Körper des Anderen auf seine Subjektivität in Situation, denn sie ist eine der Formen, die der Körper des Anderen annehmen kann. Der Körper des Anderen steht im Zentrum der Begierde unter der Prämisse, dass diese Faktizität von Subjektivität durchzogen ist. Somit verweist der Körper des Anderen auf den eigenen Körper zurück, gerade weil in ihm die Subjektivität als Verobjektivierung des eigenen Körpers erfahren wird. Der eigene Körper kann den Körper des Anderen berühren, er dient als besonderes „Instrument", den Körper des Anderen zu erfahren, da er mit dem Bewusstsein „verklebt" ist. In der Begierde mache ich mich zu Fleisch *„in Anwesenheit des Andern, um mir das Fleisch des Andern anzueignen.* (...) Demnach ist die Begierde Begierde nach Aneignung eines Körpers, insofern diese Aneignung mir meinen Körper als Fleisch enthüllt."[115] Konkret geschieht dies in der Berührung, dem Streicheln. Der Körper des Anderen wird für beide Subjekte, für beide Bewusstseine zum Fleisch, ebenso wie der eigene Körper für beide zu Fleisch wird: In der Berührung entkleidet sich der Körper jeglicher Attribute, die ihm zugesprochen werden, das heißt der Subjektivität und den Bewegungen, die ihn bekleiden und als gelebtes Instrument ausweisen. Der Körper des Anderen wird nicht ergriffen; vielmehr wird der eigene Körper an den Anderen angelegt, angelehnt, „ich lasse ihn mein Fleisch durch sein Fleisch genießen, um ihn zu zwingen, sich als Fleisch zu fühlen."[116] Die Bedeutung, die Sartre im Empfinden des eigenen Fleisches entdeckt, liegt in der Passivität des Körpers. Durch ihn wird die Welt und alle sie bewohnenden Dinge von der Passivität aus erfahren, als Teil dieser Welt, als innerweltlich-seiend. Der Andere bildet für mich im fleischlichen Körper die faktische Kontingenz seiner Subjektivität, der Körper bildet somit die äußere Hülle, die berührbare Subjektivität. Das Ideal der Begierde ist es aber nun, zu nehmen und anzueignen. In der Berührung sollte der Körper des Anderen mit Bewusstsein und Freiheit durchzogen werden.

---

[113] Sartre (2005) S. 672.

[114] Wir sind verwiesen auf die Ausführungen im Abschnitt II.4.2 und III.1.7. Der Körper ist Vollzug des Bewusstseins, er ist Für-sich, er ist aber gleichzeitig die Faktizität des Für-sich und somit das Erfahren der eigenen Kontingenz im Modus des *Bewusstseins (von)* Körper.

[115] Sartre (2005) S. 681.

[116] Ebd. S. 683.

„Aber allein dadurch, daß ich jetzt versuche, zu greifen, zu ziehen, zu packen, zu beißen, hört mein Körper auf, Fleisch zu sein, er wird wieder das synthetische Instrument, *das ich bin*; und damit ist der *Andere* keine Fleischwerdung mehr."[117]

Unter dem Blick wird der Andere zum Objekt, die Begierde verliert ihre konkrete Gestalt und wird abstrakt,

„sie ist Begierde, zu handhaben und zu nehmen, ich bin darauf versessen, zu nehmen, aber gerade meine Versessenheit lässt meine Fleischwerdung verschwinden: nun überschreite ich wieder meinen Körper auf meine eigenen Möglichkeiten hin (hier die Möglichkeit, zu nehmen)."[118]

Der Körper wird Ausdruck der eigenen Subjektivität bzw. der eigenen Aktivität, so dass die gewollte und tief gespürte Passivität schwindet und die Begierde als Versuch ihr Ziel zu erreichen, scheitert bzw. scheitern muss. Nun erkennt sie sich nicht einmal wieder, denn die eigene Fleischlichkeit ist dem Entwurf der Aneignung des Anderen als Fleisch, welches dadurch ebenfalls verrinnt, gewichen. In der gewaltsamen „Verfleischlichung" des Anderen findet sich ein Versuch, dieses Unerreichbare der Begierde, das Fleisch des Anderen als Ausdruck seiner Subjektivität mit der eigenen Subjektivität zu erfahren bzw. sich anzueignen, das heißt im Modus des Für-sich zu realisieren. Dies ist der Sadismus.
Der Sadismus entsteht nach Sartre aus einer Abscheu gegen das in der Begierde entstehende Gefühl des Aufgewühlt-seins oder allein aus der Unfähigkeit zu diesen Gefühlen. So will der Sadist sich den Anderen als Fleisch aneignen, ohne selbst Fleisch zu werden. Dies soll durch Schmerzen, die dem Opfer zugefügt werden oder durch Zwang zu obszönen[119] Stellungen des Opfers realisiert werden. Doch sucht der Sadist in diesen Praktiken den Anderen als Freiheit zu gebrauchen, denn im Fleisch beschreibt der Körper sich als faktische Grenze des Bewusstseins, der Subjektivität.

„Deshalb will der Sadist deutliche Beweise für die Unterwerfung der Freiheit des andern durch das Fleisch: er will, daß der andere um Gnade bittet, er zwingt den an-

[117] Ebd. S. 695.
[118] Ebd.
[119] Im Obszönen sieht Sartre den Gegenbegriff zum Anmutigen. Das Anmutige lässt den Körper als etwas Psychisches erscheinen, was ihn als Instrument der Freiheit in einer Situation manifestiert. So erhält der Körper als Anmutiger durch die ihn qualifizierenden Handlungen seine Existenzberechtigung. Dementsprechend ist im Obszönen die Anerkenntnis des Unqualifizierten des Körpers, des bloßen Objekts als Instrument angelegt.

dern durch Folter und Drohung, sich zu demütigen, zu verleugnen, was ihm das teuerste ist."[120]

Doch kann der Sadist das ihm so dargebotene Fleisch des Opfers nicht im Sinne der Begierde gebrauchen, denn sein eigenes Fleisch entgeht ihm. Er kann den Andern also nur physisch besitzen. Deutlich wird dies in der Tatsache, dass dem Unterworfenen die Freiheit bleibt, den Sadisten anzublicken.
Der Hass als weitere Möglichkeit, sich dem Anderen gegenüber zu positionieren, trachtet nach seinem Tod. Es wird also versucht, sich von der Möglichkeit des Anderen und mit ihm von der eigenen Objektheit, dem Entfremdet-sein zu lösen. Es scheint sich eine Alternative der beiden zirkulären Weisen gegenüber dem Anderen anzudeuten. Allerdings würde, selbst wenn alle anderen Menschen verschwänden, jene Faktizität bestehen bleiben, die in der Vergangenheit durch das Auftauchen des Anderen realisiert wurde. Die eigene Objektheit bleibt also, auch wenn sie sich nur auf die Erinnerung beziehen kann bestehen, das Für-Andere bleibt ein untilgbarer Bestandteil der Möglichkeiten und somit eine der Existenzweisen des Bewusstseins.

[120] Sartre (2005) S. 703.

III. Die Wahrnehmung

1. Vorbetrachtungen

1.1 Einleitung

Die Orientierung, verstanden als nicht beliebige Ordnung der in der Welt erscheinenden Dinge aufgrund des Gesichtspunktes des Für-sich durch den Körper ist die konstitutive Struktur des Dinges (für das Bewusstsein).

> „Das Objekt erscheint auf dem Welthintergrund und manifestiert sich als Exterioritätsbeziehung zu anderen «Dieses», die soeben erschienen sind. Also impliziert seine Enthüllung die komplementäre Konstituierung eines undifferenzierten Hintergrunds, der das totale Wahrnehmungsfeld oder die Welt ist.“[121]

Wenn wir uns nun der Wahrnehmung nähern, sind einige Vorbetrachtungen notwendig. Die zur Darstellung herangezogene Literatur bezieht sich teils implizit, teils direkt auf die Gestaltpsychologie, die sich aber in verschiedenen Prämissen von der hier dargestellten Ontologie unterscheidet.[122] So soll im Folgenden nur expliziert werden, was sich problemlos in die Sartresche Philosophie eingliedern lässt bzw. was zur Verdeutlichung dieser dienlich erscheint.

Die Wahrnehmung verweist in ihrer Natur auf eine Situation, in welcher der Körper als Wahrnehmungsorgan und die Welt als Wahrzunehmendes aufeinander bezogen sind. Die mit dieser Konstellation in Verbindung stehenden Begriffe sollen in einem ersten Schritt formuliert werden. Anschließend werden wir die Wahrnehmung präzisieren können.

[121] Sartre (2005) S. 561.

[122] Vgl. Sartre (1994b); Merleau-Ponty (1976); Merleau-Ponty (2008) S. 36f.

1.2 Die Situation – Freiheit und Faktizität

Die Dinge der Welt, die Objekte, die sich dem Bewusstsein durch die Sinnesorgane darbieten, können die Handlungsfreiheit begrenzen. Doch diese Freiheit muss sich innerhalb der umfassenderen Freiheit verorten, durch die das Bewusstsein besteht. Der Grundentwurf manifestiert sich in der stets zu vollziehenden Wahl, die sich im Willen ausdrückt. Das An-sich der Welt ist prinzipiell ohne Eigenschaften, sie treten durch das Bewusstsein in die Welt. Der Entwurf eines möglichen Zweckes muss sich allerdings von der wahrgenommenen Welt insofern unterscheiden, als dass es zu einer Realisierung des Zweckes kommen können muss.

> „Ich bin dann dazu verurteilt, die Welt sich nach den Veränderungen *von* meinem Bewußtsein modifizieren zu sehen, ich kann gegenüber meiner Planung keine «Einklammerung» und Urteilsenthaltung vornehmen, was eine bloße Fiktion von einer realen Wahl unterscheidet. (...) Wir sind frei, wenn das äußerste Ende, durch das wir uns das, was wir sind, anzeigen lassen, ein *Zweck* ist, das heißt kein reales Existierendes wie das, was bei der von uns gemachten Voraussetzung unsern Wunsch erfüllen würde, sondern ein Gegenstand, der noch nicht existiert."[123]

Der Zweck ist also transzendent in der Weise, dass er getrennt vom Bewusstsein, aber gleichzeitig erreichbar erscheint. Da der Zweck auf die Welt verweist, kann ihn nur etwas in der Welt Seiendes von seinem Erreichen trennen. Im Zweck enthüllt sich die Welt mit Widrigkeitskoeffizienten besetzt.

> „Ein freies Für-sich kann es nur als engagiert in eine Widerstand leistende Welt geben. Außerhalb dieser Engagiertheit verlieren die Begriffe Freiheit, Determinismus, Notwendigkeit sogar ihren Sinn."[124]

Der Freiheitsbegriff lässt sich somit differenzieren in die Freiheit der Wahl, die grundlegend ist und in jene Freiheit, etwas zu erreichen, die sich durch die Welt und die mit ihr gegebenen Hindernisse ausweist. Die grundlegende Freiheit bedeutet hier also, durch sich selbst einen Zweck zu wollen, das heißt eine autonome Wahl zu haben. Die Freiheit der Möglichkeiten, die Erreichbarkeit eines Zweckes hingegen bezieht sich auf die Welt.

---

[123] Sartre (2005) S. 835.
[124] Ebd. S. 836.

Die Freiheit bildet eine Faktizität, die nicht überschritten werden kann. Zum Einen kann die Freiheit nicht (nicht) frei sein, denn dann wäre sie keine Freiheit mehr, sie würde ihrer Definition widersprechen; zum Anderen besitzt sie nicht die Freiheit, nicht existieren zu können, denn in ihrem Auftauchen begründet sie sich selbst.
Da dies nur im Gegebenen, in der Welt geschehen kann, nennt Sartre diese strukturontologische Beziehung die *Situation.* Die Situation ist immer individuell. Somit lassen sich aus ihr weitere Begriffe ableiten, die sich bei Sartre als *mein Platz, mein Leib, meine Vergangenheit* und *meine Position* finden. Die Situation verweist durch die Kontingenz des Für-sich also auf einen kontingenten Platz, an dem man geboren wurde, eine kontingente Zeit, in die man hineingeboren wurde, einen kontingenten Körper, der die Faktizität des Bewusstseins manifestiert.

> „Diese Geworfenheit meines Platzes kann nur im Lichte meiner Freiheit als solcher begriffen werden. Denn durch die Entdeckung der Faktizität durch meine Freiheit kann sich etwa dieser mein Platz als Hindernis oder Hemmnis, oder als Ort des Wohlbefindens erweisen.“[125]

1.3 Der Entwurf und der Wille

Welchen Sinn die Dinge der Welt ausweisen, wird in der Sartreschen Ontologie dem Entwurf zugeschrieben. Dieser gründet sich auf der unhintergehbaren Freiheit des Bewusstseins, muss aber als ein Grundentwurf gedeutet werden, als eine „ursprüngliche Wahl“, da jeder deterministischen Natur des Menschen entschlossen entgegengetreten wird. Diese ursprüngliche Wahl ist ein Entwurf,

> „der nicht meine Beziehungen zu diesem oder jenem besonderen Gegenstand der Welt betrifft, sondern mein In-der-Welt-sein als Totalität, und daß – da die Welt sich nur im Licht eines Zweckes enthüllt – dieser Entwurf einen bestimmten Typus einer Beziehung zum Sein, die das Für-sich unterhalten will, als Zweck setzt.“[126]

Der konkrete Entwurf als eine bewusste Entscheidung, der die ursprüngliche Wahl ständig erneuert, um ihr ein Sein zusprechen zu können verweist aber auf die Zu-

---

[125] Kampits (2003) S. 213.
[126] Sartre (2005) S. 830.

kunft, welche die konkrete Gegenwart mit Bedeutung beleuchtet. Dies wird im Begriff der Intention deutlich:

> „Da die Intention Wahl des Zweckes ist und die Welt sich über unsere Verhaltensweisen enthüllt, enthüllt die intentionale Wahl des Zweckes die Welt, und die Welt enthüllt sich je nach dem gewählten Ziel als so oder so (in dieser oder jener Ordnung). Der Zweck, der die Welt erhellt, ist ein Zustand *von der* zu erlangenden und noch nicht existierenden Welt."[127]

Diese konkrete, bewusste Entscheidung ist der Wille. Er befindet sich auf der Ebene des reflexiven Bewusstseins; somit wird die Kontingenz der Faktizität, das heißt die Welt, die sich in der Sinngebung des Entwurfs manifestiert, anerkannt.

> „Von Freiheit des Willens kann also nur gesprochen werden, auf Basis einer grundlegenderen Freiheit, die nichts anderes ist als der Grundentwurf des Menschen. Dieser Grundentwurf entscheidet, in welchem Sinne ich auf der Willensebene frei bin und in welchem Sinne nicht. Die Unterscheidung zwischen dem präreflexiven und reflexiven Bewusstsein ermöglicht demnach die Differenzierung zwischen der ursprünglichen Freiheit des Entwurfs und der nachgeordneten Willensfreiheit."[128]

Beispielsweise erscheint in einer konkreten Situation ein Berg als zu steil zum Besteigen, doch dies geschieht nur, da der Entwurf darauf abzielt, den Berg als ein zu besteigenden anzusehen. Im so verstandenen Entwurf enthüllt sich die Welt mit den sie anzeigenden Dingen mit Widrigkeitskoeffizienten, die dem Vorhaben, dem Ziel, dem konkreten Entwurf entgegenstehen oder ihm dienlich sind. So manifestiert sich in der konkreten Wahl die Welt als Hilfe oder Widerstand.

Die ursprüngliche Wahl ist zwar bewusst, aber nicht zwangsläufig auch erkannt. Die Erkenntnis verweist auf die Ebene des reflexiven Bewusstseins, die Handlung und das Erleben auf die Ebene des präreflexiven Bewusstseins. Der Entwurf befindet sich auf der präreflexiven Ebene, denn er ist die Art und Weise, die Welt zu erfahren, in der Welt zu sein. So verweist die Situation allein dadurch auf einen Entwurf, dass sich ihr gegenüber in irgendeiner Weise verhalten wird: Durch den Körper tritt ein Gesichtspunkt in die Welt, so dass der Mensch bereits Position bezieht, gleich welche Handlungsmöglichkeit gewählt wird. Die Mittel, die zur Analyse und Konzeptualisierung der konkreten Situation und somit des konkreten Entwurfs notwendig sind, um

[127] Ebd. S. 826.
[128] Dandyk (2002) S. 34.

ihn symbolisch verständlich zu machen, müssen allerdings nicht zwangsläufig auch erkannt sein. In der Erkenntnis sind wir auf die reflexive Ebene des Bewusstseins verwiesen, denn dort ist der Entwurf bewusstseinstranszendentes Objekt. Der Entwurf

> „ist, da er nun Moment einer neuen Ganzheit ist [in der Reflexion T.M.], total modifiziert. Nach Sartre können wir ein Quasi-Wissen von unserem Entwurf erreichen. Komplementarität der beiden Bewusstseinsebenen bedeutet jedoch nicht die Existenz eines unüberwindbaren Chroismos. Vielmehr nimmt Sartre eine gegenseitige Beeinflussbarkeit dieser beiden Sphären an."[129]

Das Bestimmbare der Wahrnehmung, da sie sich immer in Situation offenbart und sie strukturiert, ist folglich die Intuition. Sie ist Ausdruck der Kontingenz des Bewusstseins, welche sich für das Bewusstsein als psychischer Körper manifestiert. Doch lässt sich nicht bestimmen, dass der Körper dem Entwurf vorausgehen kann, denn Sartre beharrt auf der Gleichzeitigkeit des Erscheinens des *Bewusstseins (von)* und dem Körper als Positionierung in der Welt, gerade weil sich darin die Freiheit, das heißt das Nichts konstituiert.

1.4 Der Glaube

Der Entwurf des Bewusstseins und die mit seinem Auftauchen entstehende Welt als sinnlich wahrgenommene besitzen ihre Wahrheiten, dass heißt ihre Perspektive, sie bestimmen eine Situation. Diese Wahrheiten sind insofern wahr, als dass sie geglaubt werden:

> „Der Glauben ist ein besonderes Bewußtsein *vom Sinn.* (...) Aber wenn ich weiß, daß ich glaube, erscheint mir der Glaube als bloße subjektive Bestimmung ohne äußeres Korrelat. Aber die Natur des Bewußtseins ist so, daß in ihm das Mittelbare und das Unmittelbare ein und dasselbe Sein sind. Glauben ist wissen, daß man glaubt, und wissen, daß man glaubt, ist nicht mehr glauben."[130]

---

[129] Ebd. S. 33.
[130] Sartre (2005) S. 156f.

Der Glaube als *Bewusstsein (von)* Glauben beinhaltet in sich die Möglichkeit des Nicht-Glaubens, da das Bewusstsein jenes Sein ist, was es nicht ist, und nicht ist, was es ist. Das Sein des Bewusstseins ist immer auf ein „Woanders" verwiesen, welches es benötigt, um sein zu können, es aber nicht im Sinne der Identität sein kann. Der Glaube ist somit eine Entscheidung, der im Entwurf, gerade weil durch das Erscheinen der eigenen Person in der Welt ein Standpunkt eingenommen wird, zum Ausdruck kommt. Dies muss so sein, da nach Sartre kein anderes Sein für das Bewusstsein möglich ist, als von der Welt zu sein, das heißt, als In-der-Welt-zu-sein. In der Weise des Erlebens ist der Glaube also die Intuition. In einer bewussten rationalen Entscheidung, auf der Ebene des reflexiven Bewusstseins ist der Glaube der konkrete Ausdruck des Grundentwurfs, welcher sich in der Überzeugung manifestiert, dass die gewählte Handlung jenen geglaubten bzw. erwünschten Erfolg besitzt.[131]

1.5 Die Unaufrichtigkeit[132]

Die im Glauben sich begründende Intention eröffnet die Möglichkeit der Unaufrichtigkeit, dem wohl zentralen Begriff des Werkes „Das Sein und das Nichts". Sie verweist auf eine bestimmte Art, der Welt zu begegnen; sie stellt somit einen Standpunkt dar:

> „[I]nsofern man das Übereinstimmen des Seins mit seinem Gegenstand Glauben nennt, wenn der Gegenstand nicht oder undeutlich gegeben ist, dann ist die Unaufrichtigkeit Glauben, und das wesentliche Problem der Unaufrichtigkeit ist ein Glau-

[131] Die Darstellung der hier angedeuteten Handlungstheorie kann an dieser Stelle nicht erfolgen. Dafür sei vor allem Pieper, Annemarie: Freiheit als Selbstinitiation. In: Schumacher, Bernard N. (Hrsg.): Jean-Paul Sartre. Das Sein und das Nichts. Klassiker Auslegen, Bd. 22. Berlin 2003, empfohlen.

[132] Der hier im deutschen wiedergegebene Begriff „Unaufrichtigkeit" beinhaltet ein Übersetzungsproblem des Begriffes „mauvaise foi", der in der französischen Sprache im Gegensatzpaar „bonne foi – mauvaise foi" fixiert ist. Der gemeinte Sinn lässt sich im Deutschen somit nur annäherungsweise wiedergeben. «„Être de bonne foi" meint „aufrichtig sein, in guter Absicht handeln, nach bestem Wissen und Gewissen, guten Glaubens, aufrichtig glauben", „être de mauvaise foi" entsprechend „illoyal sein, sich selbst etwas vormachen", „uneinsichtig sein".» (Thurnherr (2007) S. 264) So scheint eine präzisere Übersetzung des hier intendierten Sinns Unwahrhaftigkeit oder Selbstlüge zu sein, denn so würde der Bezug zum eigenen Ich deutlicher hervortreten.

> bensproblem. (…) [Der Unaufrichtigkeitsentwurf T.M.] ist eine unaufrichtige Entscheidung über die Natur des Glaubens."[133]

Die Unaufrichtigkeit als *Bewusstsein (von)* Unaufrichtigkeit weiß um ihre Struktur und erkennt den Glauben ebenso als etwas immer in Frage stehendes. Aufgrund des Wissens bzw. der Intuition strebt das Unaufrichtigkeitsbewusstsein hin zur Zerstörung jedes Glaubens im oben dargestellten Sinne. Das unaufrichtige Bewusstsein beschließt die Struktur jeder Überzeugung als Nicht-Überredung und begnügt sich mit dieser ungenügenden Beweiskraft. Folglich setzt es „nicht überzeugende Evidenzen"[134] per Entschluss durch, um sich mit dem so definierten Glauben zufrieden zu geben. Es geht bei der Unaufrichtigkeit als Standpunkt nicht um intuitive Gewissheit, sondern um Überzeugung.

> „Das Unaufrichtigkeits-Bewusstsein – immer durchscheinend selbstbewusst – findet sich im voraus damit ab, nicht vom Beweis „erfüllt" zu sein, zu akzeptieren, „überredet" worden zu sein, wenn es noch nicht vollständig überredet ist, wenn es erst „nicht- überzeugende Beweise" hat. Die Unaufrichtigkeit profitiert von der Natur des Glaubens und von der Selbstzerstörung durch das *Faktum* des Bewusstseins, indem sie sich aufgrund von schwachen Beweisanforderungen für ihre Überredung und für die „Wahrheit" entscheidet."[135]

Die Unaufrichtigkeit zeichnet sich somit durch ihr Anliegen aus:

> „Die Aufrichtigkeit will vor dem «Nicht-das-glauben-was-man-glaubt» in das Sein [des Bewusstseins, d.h. in die menschliche Freiheit T.M.] fliehen; die Unaufrichtigkeit flieht vor dem Sein [des Bewusstseins T.M.] in das «Nicht-das-glauben-was-man-glaubt»."[136]

---

[133] Sartre (2005) S. 154.
[134] Ebd. S. 155.
[135] Santoni, Ronald E.: „Unaufrichtigkeit" - Klärung eines Begriffs in Das Sein und das Nichts. In: Schumacher, Bernard N. (Hrsg.): Jean-Paul Sartre. Das Sein und das Nichts. Klassiker Auslegen, Bd. 22. Berlin 2003, S. 70.
[136] Sartre (2005) S. 158.

1.6 Die Zeitlichkeit

Da der Entwurf immer ein Entwerfen in die Zukunft ist, die Reflexion immer ein Betrachten des Vergangenen darstellt und die Handlung in der Gegenwart stattfindet, soll nun aufgezeigt werden, welche Stellung den zeitlichen Dimensionen in der Existenz des Menschen zukommt.

> „[E]ine Vergangenheit haben nur die Wesen (êtres), die so beschaffen sind, dass es in ihrem Sein um ihr Vergangenheit-sein geht, die ihre Vergangenheit *zu sein haben.*“[137]

Die Vergangenheit bedarf eines Zeugen. Mit dem Bewusstseinsinhalt des Vergangenen wird also das einstige Erlebnis, der einstige Zustand bzw. das entsprechende Gefühl existent. Die Vergangenheit wird durch die Gegenwart aufrechterhalten; das Bewusstsein ist *Bewusstsein (von)* dem vergangenen Erlebnis, die Vergangenheit existiert durch das Bewusstsein, es ist die Vergangenheit insofern, als dass es durch sie existiert, jedoch nicht in der Art der Identität eines An-sich, das mit sich identisch ist, sondern nach dem Modus des Für-sich. Da die Vergangenheit sich dem Bewusstsein zuschreibt (die eigene Vergangenheit des Bewusstseins war eine einstige Gegenwart), heißt es bei Sartre:

> „Alles, wovon man sagen kann, daß ich *bin* im Sinn des An-sich-seins, mit einer vollen kompakten Dichte (er ist jähzornig, er ist Beamter, er ist unzufrieden), ist also immer *meine Vergangenheit.* In der Vergangenheit bin ich das, was ich bin. Aber andererseits ist diese schwere Seinsfülle hinter mir, eine absolute Distanz schneidet sie von mir ab und lässt sie ohne Kontakt, ohne Adhärenzen außerhalb meiner Reichweite zurückfallen.“[138]

Dies bedeutet:

> „Wenn ich nicht in die Vergangenheit zurückkehren kann, so nicht wegen irgendeiner magischen Kraft, die sie unerreichbar machte, sondern einfach, weil sie ansich ist und ich für mich bin; die Vergangenheit ist das, was ich bin, ohne es leben zu können.“[139]

---

[137] Ebd. S. 228.
[138] Ebd. S. 234.
[139] Ebd. S. 236.

Durch die Vergangenheit wird es dem Bewusstsein möglich, sich als An-sich zu erfassen, sich in der Reflexion mit Eigenschaften zu bestimmen, die denen eines Objektes entsprechen, welche eine Identität stiften. Betrachten wir den Modus des präreflexiven Bewusstseins, so sind wir auf das Erlebnis verwiesen. Über dieses Erlebnis kann rückblickend geurteilt werden; als reflexives Urteil lässt sich die Identität bestimmen, zum Einen für das Bewusstsein selbst, zum Andern für andere Menschen. Dieses Urteil muss sich demnach aber in der gleichen zeitlichen Kategorie bewegen, Identitätsaussagen müssen sich als Vergangenheit ausweisen: Er ist, wer er war; Ich bin, was ich war.
Die Gegenwart ist die zeitliche Dimension der Handlung. Sie kann „nur Anwesenheit des Für-sich beim An-sich-sein sein“[140], denn jeder Inhalt und Grund des Bewusstseins ist als ein Objekt zu betrachten. Der Sinn der gegenwärtigen Handlung gründet das Für-sich in der Zukunft, aus dem Entwurf, jenes zukünftige An-sich zu realisieren. Die gegenwärtige Handlung ist ein Spiel, das versucht, den Entwurf zu realisieren. In ihm realisieren sich die Möglichkeiten als Optionen, zu werden was/wer man ist bzw. sein will, sein muss etc. So verweist die Zukunft auf die Gegenwart: Die Möglichkeiten der Reflexion sind die der Gegenwart, die Identität, die sich durch die Vergangenheit manifestiert, wird hier übernommen oder abgelehnt, akzeptiert oder ignoriert, geliebt oder gehasst etc. In der Gegenwart wird die „realisierende Komödie gespielt“, um sich als jenes An-sich in der Vergangenheit zu finden, welches im Entwurf auf die Zukunft gewählt wurde.

> „Es gibt keinen Moment meines Bewusstseins, der nicht ebenso [wie die Vergangenheit T.M.] durch einen inneren Bezug zu einer Zukunft definiert wäre; ob ich schreibe, rauche, trinke oder mich ausruhe, der Sinn meiner Bewußtseine ist immer auf Distanz, dort drüben, draußen.“[141]

Die Zukunft bietet somit die Möglichkeit, sich nach dem Modus des An-sich zu erschaffen und sich dem Ideal des An-sich-für-sich zu nähern. Der Sinn einer Handlung bezieht sich stets auf dieses konkrete Ziel des Entwurfs.

> „Die Zukunft bin also ich, insofern ich mich erwarte als Anwesenheit bei einem Sein jenseits des Seins. Ich entwerfe mich auf die Zukunft hin, um dort mit dem zu

[140] Ebd. S. 240.
[141] Ebd. S. 247.

> verschmelzen, woran es mir mangelt, dass heißt mit dem, dessen synthetische Hinzufügung zu meiner Gegenwart bewirken würde, das ich das bin, was ich bin."[142]

Die Zukunft zeichnet sich demnach durch Möglichkeiten aus, der gefasste Entwurf lässt sich revidieren. In der Vergangenheit hingegen erstarrt der einstige Entwurf, die einstige Handlung ist zum An-sich für das Bewusstsein geworden.

1.7 Die Emotionen

Wir waren bereits mehrfach auf die Emotionen verwiesen worden als ein Phänomen, welches sich dem Bewusstsein erschließt als Ausdruck des In-der-Welt-seins, als ein Bezug des Menschen zur Welt. Sie werden im phänomenologischen Sinn als Faktum des Daseins anerkannt, da sie neben anderen psychischen Fakten existieren und somit keiner weiteren Begründung bedürfen. Existenz-phänomenologisch manifestieren sich die Emotionen für bzw. durch das Bewusstsein als bedeutend. So muss ihnen zuerkannt werden, dass sie in dem Maße sind, wie sie bedeuten: „Die Emotion bedeutet *auf ihre Art* das Ganze des Bewußtseins oder, wenn wir uns auf die existenzielle Ebene begeben, der menschlichen-Realität."[143] So manifestiert sich das In-der-Welt-sein als organisierte Form menschlicher Existenz durch Emotionen.
Emotionen gehen einher mit physischen Erscheinungen des Körpers. Der Körper ist, wie bereits dargestellt, das „unhintergehbare Instrument", der manifestierte Ausdruck der Subjektivität. So muss jeder Regung des Körpers, jedem Körper-Phänomen ein Sinn zugesprochen werden können. Die Emotionen müssen also als eine Verhaltensweise des Bewusstseins verstanden werden, die einen funktionalen Charakter besitzen und auf ein Ziel verweisen.

> „Sofern das Bewußtsein *sich macht*, ist es immer nur das, als was es erscheint. Wenn es also eine Bedeutung gibt, muß es sie als Bewußtseinsstruktur an sich enthalten. Das soll keineswegs heißen, daß diese Bedeutung völlig explizit sein muß. Es gibt durchaus mögliche Verdichtungs- und Klarheitsgrade."[144]

---

[142] Ebd. S. 251.
[143] Sartre (1994b) S. 266.
[144] Ebd. S. 287.

So muss das Bewusstsein im Phänomen der Emotionen verstanden werden als Bewusstsein, dass sich selbst als erregtes Bewusstsein der Bedürfnisse setzt, die durch ihre Setzung nach Ausdruck verlangen. Doch es erscheinen Widersprüche: In den meisten Fällen scheint der Mensch gegen die Entstehung emotionaler Manifestationen anzukämpfen: im Beherrschen der Wut, im Unterdrücken der Traurigkeit; er scheint ihnen ausgeliefert zu sein, sie zu erleiden.
Die Emotionen sind ein „Erleben" eines Zustandes. Sie sind somit unreflektiert, sie befinden sich auf der Ebene des präreflexiven Bewusstseins. Die Intentionalität des Bewusstseins verweist auf die Welt, folglich ist auch das emotionale Bewusstsein *Bewusstsein (von)* der Welt. Die Emotionen beziehen sich also auf einen Aspekt der Welt, sie kommen immer auf diesen Aspekt zurück und nähren sich davon; das erregte Subjekt und das erregende Objekt sind in der unauflösbaren Synthese des In-der-Welt-seins vereint. Sie sind folglich eine gewisse Art, die Welt zu erfassen.
Die Welt erscheint stets als Forderungen an das Bewusstsein. Dies folgt aus der Wahrnehmung: Sie ist die Erfahrung der Welt durch die Sinne und verweist durch den Körper als Positionierung auf den Entwurf, der die Handlungen qualifiziert. Die Widrigkeitskoeffizienten, die den Dingen beigegeben sind, verweisen auf Möglichkeiten, auf bestimmte Wege, die Handlung zum Erfolg zu bringen.

> „Wenn die vorgezeichneten Wege zu schwierig werden oder wir keinen Weg sehen, können wir in einer so gefährlichen und schwierigen Welt nicht mehr bleiben. Alle Wege sind versperrt, und dennoch muß man handeln. Da versuchen wir, die Welt zu verändern, das heißt, sie zu erleben, als wenn die Verhältnisse der Dinge zu ihren Potentialitäten nicht durch deterministische Prozesse, sondern durch Magie geregelt wären. Verstehen wir recht, daß es sich nicht um ein Spiel handelt: wir sind dazu genötigt, und wir stürzen uns in diese neue Handlung mit der ganzen Kraft, über die wir verfügen. Verstehen wir auch, daß dieser Versuch als solcher nicht bewusst ist, denn dann wäre er Gegenstand einer Reflexion. Er ist vor allem das Erfassen neuer Verhältnisse und neuer Forderungen."[145]

So transformiert sich das Bewusstsein, wo es den Gegenstand zu transformieren sucht. Dies verweist auf den bereits dargestellten unhintergehbaren Zusammenhang Bewusstsein - Welt. Da die Welt sich immer einem Standpunkt, in kontingenter Faktizität dem Körper darbietet und sich somit als bestimmte Welt auszeichnet, sich qualifiziert, ändert sich die Welt hin zu neuen Aspekten, welche die neuen Intentionen

[145] Ebd. S. 294.

der Handlungen leiten. Der Sinn der Handlungen wird also „magisch“ entsprechend den Möglichkeiten variiert, die das Bewusstsein in der jeweiligen Situation der Welt zuschreibt, entlang dem konkreten Entwurf. So lassen sich in den je konkreten Emotionen gewisse allgemeine Ziele erkennen, welche die Welt auf ganz bestimmte Weise modifizieren.

> „Das Subjekt, das die Lösung eines praktischen Problems sucht, ist draußen in der Welt, es erfaßt die Welt in jedem Augenblick über alle seine Handlungen. Wenn es in seinen Versuchen scheitert, wenn es sich entzürnt, dann ist sein Zorn noch eine Art, in der ihm die Welt erscheint. Und es ist nicht notwendig, daß sich das Subjekt zwischen der scheiternden Handlung und der Wut auf sich selbst zurückzieht, ein reflexives Bewusstsein dazwischenschaltet. Es kann zu einem kontinuierlichen Übergang vom unreflektierten Bewußtsein «behandelte-Welt» (Handlung) zum unreflektierten Bewußtsein «verhaßte-Welt» (Wut) kommen. Das zweite ist die Transformation des ersten.“[146]

Die Emotionen erlangen ihre subjektive Wahrheit also aus dem Entwurf, der ihnen Sinn verleiht. Die mit den Bewusstseinsinhalten intendierten Qualitäten der Objekte werden als wahre erfasst, insofern geglaubt wird, dass sie wahr sind. So bestimmt der Glaube an die Qualitäten der Welt für das Bewusstsein nach Sartre eine Art „Gefängnis“, vergleichbar dem des Traums oder der Hysterie. Die physiologischen Phänomene stellen hier das Seriöse der Emotionen dar, die allerdings nicht vom Verhalten getrennt werden dürfen.

> „Das Bewußtsein beschränkt sich nicht darauf, affektive Bedeutungen auf die es umgebene Welt zu projizieren: es *erlebt* die neue Welt, die es gerade konstituiert hat. Es erlebt sie direkt, es ist davon betroffen, es erleidet die Qualitäten, die die Verhaltensweisen angedeutet haben. Das bedeutet, daß sich das Bewußtsein, wenn alle Wege versperrt sind, in die magische Welt der Emotionen stürzt, es stürzt sich ganz und gar hinein und degradiert sich dabei. (…) Das erregte Bewußtsein ähnelt ungefähr dem einschlafenden Bewußtsein. Dieses stürzt sich wie jenes in eine neue Welt und verwandelt seinen Körper als synthetische Totalität derart, daß es über ihn diese neue Welt erleben und erfassen kann.“[147]

Somit lassen sich die Emotionen als Verhaltensweisen begreifen, die den Körper mit physischen „Störungen“, kalten Händen, Schweißausbrüchen etc. erschüttern.

---

[146] Ebd. S. 290.
[147] Ebd. S. 306.

In gewisser Weise kann man nun formulieren, dass die Emotionen erlitten werden.

> „Da also das Bewußtsein die magische Welt, in die es geworfen ist, erlebt, neigt es dazu, diese Welt, in der es sich gefangen hält, fortbestehen zu lassen: die Emotion neigt dazu, sich fortbestehen zu lassen. In diesem Sinne kann man sie als erlitten bezeichnen: das Bewußtsein erregt sich an seiner Emotion, es übertreibt. Je mehr man flieht, desto mehr Furcht hat man. Die magische Welt zeichnet sich ab, gewinnt Form, zieht sich dann über dem Bewußtsein zusammen und umschlingt es: es kann nicht wollen, ihr zu entkommen, es kann versuchen, vor dem magischen Gegenstand zu fliehen, aber vor ihm fliehen heißt ihm eine noch stärkere magische Kraft verleihen. Und eben diesen Charakter der *Gefangenschaft* realisiert das Bewußtsein nicht an sich, es erfaßt ihn an seinen Gegenständen, die Gegenstände sind gefangen nehmend, fesselnd, sie haben sich des Bewußtseins bemächtigt. Die Befreiung muß von einer reinigenden Reflexion oder von einem totalen Verschwinden der erregenden Situation herkommen."[148]

Das emotionale Bewusstsein als ein erlebendes, präreflexives Bewusstsein ist der Reflexion zugänglich. Die Emotionen lassen sich folglich im Reflexionsakt substantialisieren, sie besitzen ein Sein, welches über das reine Seinsphänomen hinaus reicht, was begrifflich bereits im Sein des Phänomens verankert wurde. Sie verweisen so auf eine „emotionale Welt", auf eine Seinsregion, die nicht nur der Vergangenheit angehört, nicht nur das Erlebte charakterisiert, sondern auch zukünftige Welten ausweist. Die „alltägliche Welt", die sich durch das Bewusstsein qualifiziert, ist die der erwartbaren, weil oft erlebten (kausalen) Zusammenhänge und Regelmäßigkeiten. Gerade in der Regelmäßigkeit, im Wiederkehren von Handlungen, in einer bestimmten und gewohnten Weise eröffnet sich das Alltägliche als das Beständige. Doch diese Sicht bricht zusammen, wenn sich die Welt in einer Weise den Wahrnehmungsorganen darbietet, die sie als nicht alltäglich erkennt. So zeigt sich die Welt als „magische", wenn sich Gegenstände als unangenehm, das heißt hier, als entsetzlich oder im Gegenteil, als angenehm und somit als verwundernd darstellen. Die primären magischen Bedeutungen der Emotionen gehen also nicht vom Bewusstsein aus, sondern von der Welt.

Das Bewusstsein kann auf zwei verschiedenen Weisen in der Welt sein. Zum Einen kann es die Welt als organisierte erfassen, die durch Einwirkung auf Utensilien verändert werden kann. Die Welt kann sich zum Anderen aber auch ohne die Zwischenglieder der veränderbaren Dinge als Totalität darbieten. So wirkt die Welt als ganze

[148] Ebd. S. 308.

auf das Bewusstsein, ohne dass sie zergliedert ist in einzelne Gegenstände. Dies ist die „magische" Welt. So

> „kommt [es] zu einer Emotion, wenn die Welt der Utensilien abrupt verschwindet und an ihrer Stelle die magische Welt erscheint. Man darf also in der Emotion nicht eine vorübergehende Störung des Organismus und des Geistes sehen, die das psychische Leben *von außen* durcheinander brächten. Sie ist im Gegenteil die Rückkehr des Bewußtseins zur magischen Haltung, eine der Haupthaltungen, die ihm wesentlich sind, mit Erscheinung der korrelierenden Welt, der magischen Welt."[149]

Die Emotionen sind somit ein Existenzmodus des Bewusstseins und verweisen in der Reflexion auf eine sinnbehaftete Welt bzw. auf ein sinnhaftes In-der-Welt-sein.
Das Intersubjektive, was sich in der Begegnung mit dem Anderen erschlossen hat, kann sich nun auch als etwas „Magisches" darstellen. Die Modifikationen durch das Auftauchen des Anderen lassen eine neue Welt entstehen. „So ist der Mensch für den Menschen immer ein Zauberer, und die soziale Welt ist zunächst magisch."[150]

1.8 Maurice Merleau-Ponty und Jean Paul Sartre

Da Sartres Ausführungen zur Wahrnehmung ergänzungsfähig sind, sehen wir uns angeregt, sie durch Hinweise Maurice Merleau-Pontys zu komplettieren. Bevor wir uns diesem Vorhaben widmen können, soll erst einmal das Verhältnis der Ideen dieser beiden Denker zueinander betrachtet werden.
Grundlegend untersuchen beide Philosophen in Anschluss an Husserl die fundamentalen Strukturen der Erfahrung. In dieser phänomenologischen Ausrichtung verbinden sie ihr Vorhaben mit existentiellen Überlegungen, die sich in einer existenzphilosophischen Tradition[151] gründen.

> „The common ground lies in the concern to elucidate Heidegger's description of DASEIN…in terms of finitude and freedom, and to discern the implications of this

[149] Ebd. S. 316.
[150] Ebd. S. 311.
[151] Vgl. Seibert (2000).

across aspects of human thought and ACTION. They all see the human condition as one of a contingent or "situated freedom"."[152]

Gemeinsam weisen sie die traditionellen psychologischen Konzepte zurück, die den Körper als „Ding" mit besonderen Fähigkeiten betrachten, was ihn unterscheidbar macht von anderen Dingen[153]. In der jeweiligen spezifischen Betrachtung der Ausarbeitungen dieses Problems gelangen wir zu den im Gegensatz zueinander stehenden Überzeugungen bezüglich des Körpers.
Den entscheidenden Unterschied der beiden Theorien sieht Merleau-Ponty in der Art, in der Sartre die Ontologie formuliert. Hier lässt sich einer der Hauptkritikpunkte erkennen, die gegen das Sartresche Körperkonzept vorgetragen worden.[154] Sartre entwirft eine Ontologie, in dem das Sein in Kategorien des An-sich und Für-sich beschrieben wird. Nun drängt sich allerdings der Verdacht auf, dass das Sein auf Kategorien reduziert wird und somit nicht Phänomenologie, sondern vielmehr Rationalismus die Bezeichnung der Sartreschen Überlegungen verdient[155]. Merleau-Ponty sieht zudem Schwierigkeiten in den von Sartre vorgeschlagenen Kategorien, denn sie deckten nicht sehr gut die Wahrnehmung der Welt ab. Die formulierten Kritikpunkte gelten also mehr den ontologischen Überlegungen als der phänomenologischen Position. Indem Merleau-Ponty das Für-sich bei Sartre als Bewusstsein identifiziert und somit als Nichts oder Nichtung betrachtet, ist dieses Bewusstsein ein durchsichtiges Subjekt des Idealismus und somit als Zugang zur Erfahrung unbefriedigend. Bei genauerer Betrachtung zeigt sich folgendes: Die Theorie der Intentionalität bei Sartre ermöglicht die Trennung zwischen den Begriffen „conscience de soi" (Selbstbewusstsein im Sinne von Selbstgewissheit) und „connaissance de soi" (Selbstbewusstsein im Sinne von Selbstkenntnis), die jedoch aus Merleau-Ponty's Sicht nicht in Begriffen des An-sich und Für-sich als Bewusstsein wiedergegeben werden können.[156] Dieses Konzept erlaubt die Unaufrichtigkeit, in der die Selbsttäuschung laut Definition bewusst sein muss. „Sartre's theory, he [Merleau-Ponty T.M.] says, allows

[152] Compton, John J.: Existential Phenomenology. In: Embree, Lester (Hrsg.): Encyclopedia of Phenomenology. Dordrecht 1997, S. 206.
[153] Vgl. Dillon: Merleau-Ponty's Ontology. Bloomington 1988.
[154] Vgl. Dillon (1988), (1997); Whitford (2006); Daniels (2006).
[155] Dem haben wir versucht entgegenzuwirken, indem die geistesgeschichtlichen Wurzeln ausführlicher erläutert worden.
[156] Hier lässt sich entgegnen, dass durch die Präreflexivität das Bewusstseins sich selbst, das heißt das „Ego" zum intentionalen Bewusstseinsobjekt durch die verschiedenen Stufen der Bewusstseinssetzung nehmen kann und somit sehr wohl eine Unterscheidung nachvollziehbar ist.

for deliberate self-deception and malice; it does not allow for stupidity, ignorance and folly."[157] Das Problem, was Merleau-Ponty also erkennt, ist, dass sich in Sartres Konzeption keine Vermittlung finden lässt:

> „[T]here is no distance within the self and to the mediated because such a distance has been defined out of existence; there is therefore no distance between the being of the *pour-soi* and the being of the consciousness of the *subject*. And if the relation of the *pour-soi* as *subject* to the world is unmediated, the conclusion is unavoidable: the experience of obscurity or ignorance is ruled."[158]

Die weiteren Kritikpunkte, die Merleau-Ponty gegen Sartre anführt, beruhen auf diesem Gedankengang. Der Körper als objektiviertes An-sich lässt nicht mehr den Körper als Standpunkt erkennen, von dem er betrachtet wird. Der Körper als Für-sich betrachtet, verhindert das Für-sich als „Nichts“, das heißt als Nichtung zu sehen, da es in diesem Fall das vitale Konzept der Intentionalität ist. Es erweist sich eine Schwierigkeit, die aber in einer anderen Weise umgangen werden kann: Die Kritik an der Sartreschen Begrifflichkeit muss anerkannt werden, so dass sie zumindest nicht auf den Körper angewendet werden kann. Allerdings findet sich die folgende Passage in „Das Sein und das Nichts“:

> „Insofern der Körper der kontingente und indifferente Stoff aller unserer psychischen Ereignisse ist, bestimmt er einen *psychischen Raum*. Dieser Raum hat weder Oben noch Unten, weder Rechts noch Links, er ist noch ohne Teile, insofern die magische Kohäsion des Psychischen seine Tendenz zum Zerbröckeln zu Indifferenz bekämpft. Dennoch ist er ein reales Merkmal der Psyche: nicht, daß die Psyche mit einem Körper *vereinigt* wäre, sondern unter ihrer melodischen Organisation ist der Körper ihre Substanz und ihre fortwährende Möglichkeitsbedingung. Er ist es, der erscheint, sobald wir das Psychische nennen.“[159]

Wie sich im Abschnitt II.4 bereits darstellte, ist der Körper „das *Unbeachtete,* das *«mit Stillschweigen Übergangene»*“[160], er besitzt eine Dimension, die in den bisherigen Überlegungen noch weitgehend unbeachtet blieb. Die Emotionen sind in diesem Kontext ein Ausdruck, dass dem Körper ein anderes Gewicht beigemessen werden muss, als es Merleau-Ponty annimmt. Dieses Gewicht lässt sich nicht direkt in den

[157] Whitford (2006) S. 300.
[158] Ebd.
[159] Sartre (2005) S. 596f.
[160] Ebd. S. 583.

Begriffen An-sich und Für-sich fassen. So soll nun vorgeschlagen werden, das Sartresche Körperkonzept so zu interpretieren, dass der Körper latent immer der Bewusstheit verfügbar ist.

Zur Erläuterung dieser Gedanken soll in Abgrenzung auf Merleau-Pontys Körperkonzept mit dem zentralen Begriff des *Leibes* hingewiesen werden. Im Leib sieht er die Synthese aus dem Intellektualismus und dem Empirismus, jedoch ohne durch die von ihm formulierten Beschränkungen[161] dieser Traditionen begrenzt. Beide Traditionen sehen den Körper als etwas im objektiven Raum lokalisiertes, dessen fundamentale Strukturen unabhängig davon und somit objektiv sind. Dem menschlichen Körper kommt keine Funktion in der Strukturierung des Raumes zu. Diesen Auffassungen setzt Merleau-Ponty den Vorrang des gelebten Raumes entgegen. So wird angenommen, dass der Körper seine eigene Intentionalität besitzt, die vorrangig gegenüber der symbolischen Funktion, der Vorstellung in Kategorien und verständlichen Bedingungen des Begreifens des Bewusstseins sind. So können die Strukturen des praktischen Raums nicht auf Kategorien des „entkörperlichten" Bewusstseins zurückgeführt werden. Im Leib gründen sich die kategoriale oder symbolische Funktion der bewussten Intentionalität und die damit korrelierende Struktur des theoretischen Raumes. Auf dieser Stufe bildet sich erst die Möglichkeit bzw. das Vermögen des Verhaltens als ein sich zu aktualisierendes. So ist die Möglichkeit des Handelns auf den vorrangigen gelebten Raum angewiesen als Horizont, vor dem sich die möglichen Handlungen abzeichnen. Dieser gelebte Raum ist also die Grundlage für abstrakte Überlegungen von Handlungen. So befreit sich das (abstrakte) Bewusstsein von der Unmittelbarkeit der körperlichen Projekte, die als Antwort auf den konkreten Kontext in der Welt als Bewegungen im menschlichen Raum zu verstehen sind. Die bewussten Handlungen besitzen im Anschluss daran nun die Fähigkeit, sich zu automatisieren. So bestimmt der leiblich wahrgenommene und also vorrangige, gelebte Raum den abstrakten Raum des Bewusstseins.

Zusammenfassend können wir sagen: Wo Sartre in der Spontaneität des Bewusstseins als Ausdruck der grundlegenden Freiheit den Grundentwurf sieht, betont Merleau-Ponty die immer nur bedingte Freiheit[162], die sich im Menschen als System körperli-

---

[161] Vgl. Merleau-Ponty (1976), (2000), (2008).

[162] „In unentwirrbarer Konfusion sind wir der Welt und den Anderen beigemischt. Die Idee der Situation schließt eine absolute Freiheit im Ursprung unserer Engagements aus. Sie schließt die absolute Freiheit übrigens ebensowohl als deren Vollendung aus." (Merleau-Ponty (2008) S. 516)

cher und sozialer Intentionen begrenzt, bevor er zur Person wird.[163] Hier kommt zum Tragen, dass sich im Leib, dem gelebten Körper, der Sinn gründet:

> „Mein Leben muss einen Sinn haben, den ich nicht konstituiere, es muss in strengem Sinne Intersubjektivität sein, ein jeder von uns muß in eins anonym im Sinne absoluter Individualität und anonym im Sinne absoluter Generalität sein."[164]

Diesen Anspruch nennt Merleau-Ponty das „Sein-zur-Welt" und unterscheidet sich von Sartres „Bewusstsein davon haben, in-der-Welt-zu-sein" dadurch, dass im einen Fall der Leib bei Merleau-Ponty die „Freiheit (...) nicht diesseits meines Seins, sondern vor mir, bei den Dingen"[165] findet, im anderen Fall der Körper-für-mich bei Sartre die einzige Möglichkeit als kontingente Faktizität ist, die Freiheit zu manifestieren. Wo der Körper als Leib bei Merleau-Ponty ständig anwesend ist durch das Wissen, dass er vermittelt als jenes „Fleisch der Welt, halb An-sich, halb Für-sich, das das wirklich Wahre ist und mit dem wir alle es zu schaffen haben"[166], finden wir den Körper im Denken Sartres als Anwesenheit nur als psychischen Körper in der Affektivität wieder. Da die Affektivität aber im Sinne des grundlegenden Entwurfes bei Sartre betrachtet und gedeutet werden muss, gründet sich die Möglichkeit des Wissens oder besser der Erkenntnis auf der Intuition, die im Sinn Husserls gerade nicht die Anwesenheit bei sich, wie es das Leibkonzept Merleau-Ponty's vorschlägt, sondern bei den Objekten ist. So ergibt sich ein anderes Verständnis des Bewusstseins bei Merleau-Ponty, was neben der Komponente der Subjektivität auch die der Objektivität im Begriff des Leibes vereint. Das bedeutet, der Leib vereinigt „für sich" gleichzeitig Ausdruck und Wahrnehmung als die zwei Arten des Seins in der Welt. Hingegen sind diese Möglichkeiten für Sartre streng voneinander getrennt im Für-sich und Für-Andere und nur im nicht zu erreichenden Ideal des An-sich-für-sich vereint. Relevant wird hier, dass sich bei Sartre gerade bzw. nur durch den Körper das Bewusstsein in der Welt manifestieren kann. So muss im Versuch der Vermittlung beider das Leibkonzept Merleau-Pontys auf der Ebene des Entwurfs bei Sartre gesucht werden und die grundlegende, ihm entspringende Erkenntnis in der Spontaneität des Bewusstseins und somit im Ur- oder Grundentwurf.

---

[163] Vgl. Compton (1997).
[164] Merleau-Ponty (2008) S. 509.
[165] Ebd. S. 513.
[166] Lévy (2005) S. 256.

Auffällig sind jedoch die aus den unterschiedlichen Prämissen resultierenden Gemeinsamkeiten, die unserer Ansicht nach die Möglichkeit eröffnen, das Konzept der Wahrnehmung durch die Ausführungen Merleau-Pontys näher und expliziter zu betrachten, als es in Sartres Werk zu finden ist. Das Ziel dieser Überlegungen besteht also darin, sich Merleau-Pontys Ausführungen zu bedienen, um sie aus ihrem Kontext im hier dargestellten Sinne herauszulösen und für unsere Überlegungen nutzbar zu machen. „Zur Welt seiend, sind wir verurteilt zum Sinn"[167] klingt unter dem Gesichtspunkt der Wahrnehmung durch den Körper als Äquivalenz der Äußerung Sartres „ich bin verurteilt, frei zu sein"[168]. Wo sich der Sinn auf der einen Seite auf dem Entwurf in die Zukunft gründet, ist er auf der anderen Seite durch den Leib „aufgrund eines gewaltsamen Aktes, der eben die Wahrnehmung selbst ist."[169] So zeichnet Merleau-Ponty eine Phänomenologie, die sich auf den Leib stützt, während der Körper-für-sich bei Sartre „das *Unbeachtete,* das «*mit Stillschweigen Übergangene*»" ist, aber dennoch die einzige Art darstellt, in-der-Welt-zu-sein. In diesem Sinn werden wir Merleau-Ponty's Überlegungen heranziehen, um sie in den hier formulierten Kontext einzufügen.

---

[167] Merleau-Ponty (2008) S. 16.
[168] Sartre (2005) S. 764.
[169] Merleau-Ponty (2008) S. 414.

2. Die Wahrnehmung

2.1 Das Allgemeine der Wahrnehmung - Der Gestaltansatz

Die Wahrnehmung bezieht sich auf ein Beziehungsgeflecht von Objekten, die sich den Sinnen darbieten, bezogen auf ein Zentrum, den sinnlichen Körper. Die Merkmale und Eigenschaften der einzelnen Objekte entstehen laut Definition in Wechselbeziehungen zwischen der Welt und dem Bewusstsein, in der jeweiligen Situation, sie sind nicht der Ganzheit des Wahrgenommenen oder ihren Elementen eigen. Folglich bezeichnen sie auch keine objektiven Tatsachen, sondern dynamische Wechselbeziehungen, augenblickliche Wahrheiten. Verdeutlicht werden soll dies im Begriff der Gestalt. Er wird hier synonym für das wahrgenommene, bewusstseinstranszendente Objekt verwendet und entspricht der Sartreschen Nutzungsweise[170]. Der Begriff der Gestalt bildet nun die Möglichkeit, die Wahrnehmung zu präzisieren.[171]

Die Gestalt bildet eine dynamische Einheit in einer sich kreativ wandelnden Form. In der hier dargestellten Existenzphilosophie stellt die Gestalt eine erkenntnistheoretische Position dar; die Konstruktion bzw. die Inszenierung der Wirklichkeit für ein Bewusstsein ist Ausgangspunkt der Erkenntnis: Die Existenz geht der Essenz voraus.

Sartre formuliert die Gestaltung der Welt durch die Sinne auf Basis des Grundentwurfs. Doch dieser muss sich, aufgrund des Körpers als kontingente Faktizität, als psychischer Körper und Quasi-Objekt mit einem Widrigkeitskoeffizienten auszeichnen, sich also innerhalb bestimmter Grenzen bewegen. Diese Grenzen wurden bereits angedeutet[172] und bestimmen sich im und beziehen sich auf das Ziel aller Bemühungen, dem An-sich-für-sich. Die Beschreibung bzw. die Merkmale von Gestalten müssen sich demnach auch in einem bestimmten Rahmen bewegen, sie verweisen auf bestimmte allgemeine Eigenschaften der Wahrnehmung.

---

[170] Vgl. Sartre (1994b).

[171] Die folgenden Ausführungen beziehen sich vor allem auf Fuhr, Reinhard; Gremmler-Fuhr, Martina: Gestalt-Ansatz. Grundkonzepte und -modelle aus neuer Perspektive. Köln 2002, sowie auf Merleau-Ponty (2008). Die Ausführungen sind in soweit selektiert, als dass sie sich in die hier dargestellte phänomenologische Ontologie einfügen lassen. Dies geschieht in dem Sinne, die Explikation Sartres voranzutreiben und dem Ziel der Untersuchung des Films aus existenzphilosophischer Perspektive näher zu kommen. Jene Ausführungen, die sich nicht mit den hier angeführten Prämissen einfügen lassen, müssen unberücksichtigt bleiben.

[172] Siehe Abschnitt II.3 und II.5.

Jede Gestalt ist in umfassendere Gestalten eingebettet, denn die wahrgenommenen Objekte beziehen sich stets auf den bereits beschriebenen Welthintergrund. Die Existenz der Objekte besteht für das Bewusstsein in Relation: Das Phänomen als Relation Welt - Subjektivität, das Bewusstseinsobjekt der Wahrnehmung vor dem Hintergrund des Wahrnehmungsfeldes. Die Gestalt verweist somit auf einen wechselseitigen Bezug. Zur Verdeutlichung wird das Begriffspaar Figur - Grund eingeführt. Die Figur bildet das Bewusstseinsobjekt, welchem die Aufmerksamkeit gilt und welches sich vor dem Hintergrund der Welt, den situationsgebundenen Attributen abhebt. „[S]ie [die Figur T.M.] bestimmt die notwendige Bedingung, unter der überhaupt ein Phänomen als Wahrnehmung angesprochen zu werden vermag.“[173] Durch die Absicherung des In-der-Welt-seins beziehen sich Grundentwurf und somit auch Wahrnehmung (in ihrer Ausformung in Gestalten, nun präziser, in Figur und Grund) stets auf die Welt als intuitive Gewissheit, als unhintergehbaren Grund. Der Sinn, den die Figur besitzt, ist Ausdruck des sich im konkreten Entwurf manifestierenden Grundentwurfs und folglich des Willens, ein in die Zukunft entworfenes An-sich zu erreichen. Durch die Freiheit als Grundlage des Bewusstseins, die charakteristisch für jeden Entwurf ist und ihn ebenso durch Nichtung verwerfen kann, ist die konkrete Dynamik der Figur-Grund-Konstellation gesichert. Nun wird auch deutlich, dass der Grundentwurf nicht unbedingt erkannt sein muss.

> „Der Wert der Dinge, (...) meine Kleidung, (...) meine Möbel, die Straße, die Stadt, in der ich wohne, die Bücher, mit denen ich mich umgebe, die Zerstreuungen, denen ich nachgehe, (...) alles das unterrichtet mich selbst über meine Wahl, daß heißt über mein Sein.“[174]

Die Figur-Grund-Konstellation, die den Entwurf erfahrbar macht, ist der Mensch selbst vor dem Hintergrund des Lebens, bezogen auf die Vergangenheit, die Gegenwart und die Zukunft. Es lassen sich demnach nur annährend symbolische Aussagen über den Grundentwurf durch Ausdrücke treffen, die zur Abdeckung möglichst viele Dimensionen des Lebens im Stande sind.[175]

Aufgrund der Intersubjektivität des Menschen sind Gestalten kommunizierbar. Sie lassen sich in verschiedenen Metaphern annährend greifen. Das Gesamtwerk der

---

[173] Merleau-Ponty (2008) S. 22.

[174] Sartre (2005) S. 803.

[175] Einen solchen Versuch startet Sartre in der existentiellen Psychoanalyse, die den Entwurf auf die Kategorien Haben und Sein zu reduzieren versucht.

wahrgenommenen Situation bildet die Gestalt, über die sich in der Reflexion aufgrund von symbolischen Transformationen kommunizieren lässt. „Alles, was für mich gilt, gilt auch für den Andern"; dies muss auch die Möglichkeit beim Anderen eröffnen, verstanden zu sein bzw. das Symbol, welches die Gestalt umschreibt, zu entziffern. Wir sind verwiesen auf die Probleme der Kommunikation, die hier nicht weiter thematisiert werden können. Intersubjektivität findet sich bei Sartre grundlegend auf der Ebene des Blickes, welche in abgeleiteter Form dem Körper Ausdruck und der verbalen Sprache das Mittel gibt, sich dem Anderen zu öffnen, das heißt, sich dem Ideal der Kommunikation zu nähern. Eine explizite Theorie der Kommunikation findet sich unseres Wissens bei Sartre nicht, implizit ist diese doch angelegt.

2.2 Der wahrnehmende Körper[176]

Der wahrnehmende Körper empfindet die Welt. Durch ihn, den „stillschweigend Übergangenen" müssen zwei Prämissen eingeführt werden:

> „1. Jede Wahrnehmung ist von einer affektiven Reaktion begleitet.
> 2. Jedes Gefühl ist Gefühl von etwas, das heißt, es richtet sich in bestimmter Weise auf sein Objekt und projiziert auf es eine bestimmte Qualität."[177]

Der subjektive Charakter der Wahrnehmung wird hier sehr deutlich und erscheint besonders in Phänomenen wie der Illusion oder Täuschung. In der Täuschung wird jene Erfahrungsart nachgeahmt bzw. zur Norm gesetzt, die sich durch die Deckung von Sinn und Sinnlichem auszeichnet. Der Sinn soll in der Welt gefunden werden, das heißt in der Art, in welcher der Körper die Welt befragt, gewinnt er ihr mehr oder weniger, dieses oder jenes ab. Die Welt bietet sich also als Horizont vorgebildeter Gestalten dar, welche die Möglichkeiten der Freiheit in der Welt darstellen. In der Aufmerksamkeit, die der Welt entgegen gebracht wird, leistet die Wahrnehmung das Gegebene ursprünglich gestalthaft zu artikulieren. Gestalten sind das durch die Sinne Wahrgenommene.

---

[176] Die folgenden Ausführungen beziehen sich direkt auf den Körper-für-sich, wie er bereits im Abschnitt II.4.2 dargestellt wurde und im Anschluss daran auf Merleau-Ponty (2008), der den Körper mehr in das Zentrum des Interesses rückt.

[177] Sartre, Jean-Paul: Das Imaginäre. In: von Wroblewsky, Vincent (Hrsg.): Jean-Paul Sartre. Philosophische Schriften 1. Das Imaginäre. Bd. 2. Reinbeck bei Hamburg 1994, S. 54.

„Meine Wahrnehmung ist also keine Summe von visuellen, taktilen, auditiven Gegebenheiten; ich nehme vielmehr auf eine ungeteilte Weise mit meinem ganzen Sein wahr, ich erfasse eine einzigartige Struktur des Dinges, eine einzigartige Weise des Existierens, die alle meine Sinne auf einmal anspricht.“[178]

Im Verschieben der Aufmerksamkeit wird die Einheit der wahrgenommenen Gestalt zerbrochen und im gleichen Moment in einer neuen Dimension wieder hergestellt.

„Ein Phänomen löst ein anderes aus, nicht durch ein objektives Wirkungsverhältnis, wie es Naturvorkommnisse verknüpft, sondern durch den Sinn, den es darbietet: ein eigentümlicher Seinsgrund, gleichsam ein tätiger Grund, orientiert den Fluß der Phänomene [in Sartrescher Terminologie der Grundentwurf T.M.], ohne in irgendeinem für sich genommen explizit gesetzt bzw. setzbar zu sein. (...) Im gleichen Maße, in dem das motivierte Phänomen sich verwirklicht, kommt sein innerer Bezug zum motivierenden Phänomen zur Erscheinung, es folgt ihm nicht lediglich, es expliziert es und läßt es verstehen.“[179]

Diese Ablösung des einen Phänomens durch ein anderes kann sich allmählich vollziehen, wie man es beispielsweise bei der Betrachtung eines Bildes erfährt, was sich als Gesamtheit Stück für Stück offenbart. Oder sie kann ganz abrupt geschehen, weil die Welt plötzlich durch ein Ereignis einen neuen Anspruch stellt.
Die Beziehung Mensch - Welt muss als Gleichursprüngliches verstanden werden, indem die Subjektivität den in dem dargebotenen Objekt ausgebreiteten Sinn übernimmt, ebenso wie das Objekt die im Entwurf angelegten Intentionen der Subjektivität übernimmt. Dies ließ sich bereits in der Einteilung der Sprache in verbale und nonverbale spezifizieren. Die Sprache im Allgemeinen als Ausdruck muss so verstanden werden, dass die verbale Sprache sich zum Denken verhält wie die Gebärde zum gelebten Körper, beides jeweils auf seine Art verstanden als Ausdruck und somit als Handlung des Menschen. Betrachten wir dies genauer:

„In der Wahrnehmung *beobachte* ich die Objekte. Man muß darunter verstehen, daß das Objekt, auch wenn es vollständig in meine Wahrnehmung eintritt, mir immer nur von einer Seite gleichzeitig gegeben ist. (...). [D]as Besondere der Wahrnehmung ist, daß in ihr das Objekt immer nur in einer Serie von Profilen, von Projektionen erscheint. (...) [I]ch sehe (...) immer nur (...) eine bestimmte Weise, die nach einer Unendlichkeit anderer Gesichtspunkte ruft und sie gleichzeitig ausschließt.

[178] Merleau-Ponty, Maurice: Das Kino und die neue Psychologie. In: Merleau-Ponty, Maurice: Sinn und Nicht-Sinn. München 2000, S. 67.
[179] Merleau-Ponty (2008) S. 73.

Man muß die Objekte *lernen*, das heißt die möglichen Gesichtspunkte auf sie vervielfachen."[180]

Die Wahrnehmung verweist folglich immer auf eine Unendlichkeit von möglichen Beziehungen gegenüber dem Objekt, die sein Wesen, das heißt sein Sein ausmachen. So bezieht sich die Wahrnehmung auf einen Reichtum an unendlichen Möglichkeiten gegenüber dem Objekt. Da das Objekt in der Welt ist, das heißt eine Figur vor dem Welthintergrund darstellt, steht es in Beziehung zu ihr und demnach zu einer unendlichen Anzahl anderer Objekte, im Sinne der Unendlichkeit an Möglichkeiten der Wahrnehmung von Objekten. Der Reichtum der Welt ist somit gesichert, so dass in der Wahrnehmung eine Unendlichkeit an Bedeutungen dem Objekt beigestellt ist.
Ihr gegenüber ist die Vorstellung von einem Objekt ihrem Wesen nach arm, sie kann keine Beziehung zur Welt unterhalten, sie kann nur die Eigenschaften besitzen, die vom Bewusstsein festgestellt bzw. in die Vorstellung eingeflossen sind. Demnach bietet die Vorstellung keinen Wissenszuwachs. Das Objekt der Vorstellung ist exakt bestimmt.

„[U]mgekehrt aber findet alles, wodurch mein Bewußtsein konstituiert wird, sein Korrelat im Objekt [als *Bewusstsein (von)* T.M.]. Mein Wissen ist nur ein Wissen *des* Objekts, ein das Objekt *betreffendes* Wissen. Im Bewußtseinsakt [der Vorstellung, das heißt des Wissens und somit des Glaubens als Bezug auf den (Grund)-Entwurf T.M.] sind das vorstellende und das Wissens-Element in einem synthetischen Akt verbunden. Das diesem Akt korrelate Objekt konstituiert sich also als zugleich konkretes, sinnlich wahrnehmbares Objekt und als Wissensobjekt. Daraus ergibt sich die paradoxe Konsequenz, daß das Objekt uns gleichzeitig von außen und von innen gegenwärtig ist. Von außen, denn wir beobachten es; von innen, denn *in ihm* erfassen wir, was es ist."[181]

So ergibt sich für die sich in Figur und Grund darstellende Welt ein Sinn, der sich einer Gleichzeitigkeit von Vorstellung ausgehenden bzw. gespeisten Aktivität und Passivität des Bewusstseins als *Bewusstsein (von)*, als sich nicht selbst setzen könnend verdankt. Folglich beruft sich die Wahrnehmung auf eine „synthetische Einheit einer Erscheinungsvielfalt, die in einem langsamen Lernprozeß steht"[182] und „[e]s bleibt

[180] Sartre (1994c) S. 22.
[181] Ebd. S. 27.
[182] Ebd. S. 23.

offensichtlich, daß ich immer *mehr* und *anders wahrnehme*, als ich *sehe.*“[183] Dieses Wissen muss sich allerdings als unformuliert und vorprädikativ verstehen:

> „[E]s ist nicht unbewußt, aber es haftet am Objekt, es verschmilzt mit dem Wahrnehmungsakt. Das Anvisierte ist nie ausdrücklich der unsichtbare Akt der Sache, es ist ein bestimmter Aspekt der Sache, insoweit ihr ein unsichtbarer Aspekt entspricht, es ist die Oberseite des Aschenbechers, insoweit eben ihre Struktur als Oberseite das Vorhandensein einer <Unterseite> impliziert. Selbstverständlich sind es diese Intentionen, die der Wahrnehmung ihre Fülle und Reichhaltigkeit geben.“[184]

Die Intentionen sind die Bedingung der Vorstellung, die ihrerseits aufhören müssen, mit dem Wahrnehmungsakt zu verschmelzen, um sich in einem Schaffensakt des Bewusstseins zu konstituieren. Das bedeutet, dass sich das Denken nur der Vorstellungsform annimmt,

> „wenn es intuitiv sein, wenn es seine Behauptungen auf den *Anblick* eines Objektes gründen will. In diesem Fall versucht es, das Objekt vor sich erscheinen zu lassen, um es zu *sehen*, oder besser noch, um es zu *besitzen.* Aber dieser Versuch, bei dem jedes Denken übrigens Gefahr liefe, zu versinken, scheitert immer: die Objekte werden vom Irrealitätscharakter befallen.“[185]

Beziehen wir die Überlegungen der Emotionen mit ein, ergibt sich für die interpersonelle Wahrnehmung folgendes:

> „Das „Denken“ des Redners ist, solange er spricht, leer, und beim Anhören eines mit treffendem Ausdruck vorgelesenen Textes geht unser Denken nicht am Rande des Textes neben diesem her, sondern völlig ist unser Geist eingenommen von den gehörten Worten, die genau unseren Erwartungen entsprechen, wir haben ein Gefühl der Notwendigkeit des Gesagten, wiewohl wir außerstande sind, es jeweils vorauszusagen - wir sind vom Gesprochenen wie besessen. Am Ende der Rede oder des Textes ist es, als sei ein Zauber gebrochen. Dann erst wird Raum für Gedanken über die Rede oder den Text, zuvor war die Rede improvisiert, war der Text verstanden ohne jeden Gedanken, war der Sinn stets gegenwärtig, doch nie für sich selbst gesetzt.“[186]

---

[183] Ebd. S. 192.
[184] Ebd. S. 193.
[185] Ebd. S. 194.
[186] Merleau-Ponty (2008) S. 213f.

Hier wird sehr eindrucksvoll auf die Beziehung hingewiesen, die die verschiedenen Ebenen der Sprache miteinander eingehen. So tragen Worte eine erste Bedeutungsschicht, auf die sie unmittelbar verweisen, nicht als begriffliche Aussage, sondern als affektiver Wert bzw. existentielle Gebärde. Sie beziehen sich auf die jeweilige geschichtliche Situation und verweisen auf die sinnliche Welt als sinnbesetzte Welt, ebenso wie sie auf den durch sie Sinn-gebenden Gehalt verweisen. Die sich durch die Emotionen dargestellte, magische Welt als affektiv und emotional gefärbte muss also für alle möglichen Welten angenommen werden, da das emotionale Erleben des Körpers stets die Ebene des Bewusstseins ist, sofern sie vom *Bewusstsein (vom)* Körper übernommen ist. Dieses Bewusstsein ist durch das „passive Milieu" des Körpers gestützt und wird aufgrund der oben angeführten Prämissen für die weiteren Ausführungen als gesetzt betrachtet.
Ähnlich wie auf der verbalen Ebene verhält es sich im Fall der Gebärden:

> „Die Kommunikation, das Verstehen von Gesten, gründet sich auf die wechselseitige Entsprechung meiner Intentionen und der Gebärden des Anderen, meiner Gebärden und der im Verhalten des Anderen sich bekundenden Intentionen (...). Die Gebärde tritt mir entgegen gleichwie eine Frage, mich verweisend auf bestimmte sinnliche Punkte der Welt und mich auffordernd, ihr dahin nachzugehen. (...) Der Sinn der also „verstandenen" Geste eines Anderen ist nicht hinter ihr gelegen, sondern fällt zusammen mit der Struktur der von der Gebärde entworfenen Welt, die ich verstehend mir zu eigen mache."[187]

So verweist die Geste auf einen bestimmten Gebrauch des Körpers als unhintergehbares Instrument, dem In-der-Welt-sein eine Form zu geben.

> „Die psychophysische Ausrüstung an sich eröffnet hier zahllose Möglichkeiten [des Ausdrucks und der Wahrnehmung T.M.], und so wenig wie im Bereich der Instinkte gibt es auch hier eine Natur des Menschen, die ein für alle Mal feststünde."[188]

Diese unermessliche Möglichkeit des Ausdrucks des Bewusstseins muss sich somit auf etwas berufen können, was sich also nur der individuellen Geschichte entlehnen kann. Der in der Vergangenheit verfestigte Selbstentwurf erscheint als Habitus und verweist auf die Situation mit den ihr anhaftenden Attributen. Weiter verweist er auf den Glauben, der aller Art von sinnhafter Besetzung zugrunde liegt.

---

[187] Ebd. S. 219f.
[188] Ebd. S. 224.

IV. Das Filmerlebnis

1. Allgemeine Überlegungen

1.1 Einleitung

Sartre schrieb neben einer Vielzahl von Theaterstücken auch Drehbücher. So findet sich eine Idee des Films und des Theaters als

> „Spielbühne einer Gesellschaft, (...) die gesellschaftliche, individuelle und kulturelle Phänomene umfasst und die, in der Spannung von Virtualität und Aktualität, Authentizität und Rollenspiel, einen Angelpunkt gegenwärtiger Medientheorien darstellt."[189]

Die medientheoretische Auseinandersetzung mit dem Film lässt sich beispielsweise[190] in eine Thematisierung mit dem Autor, dem Genre oder der Semiotik des Films aufschlüsseln; er lässt sich psychoanalytisch deuten oder unter feministischen Gesichtspunkten betrachten; weiterhin kann die Intermedialität des Films in den Fokus genommen werden. Diese Auffassungen gründen sich allerdings im Film als ein formales Verfahren, was psychische und ideologische Auswirkungen hat. Der Film wird folglich interpretiert als Kommunikation. Die verschiedenen angeführten Auffassungen zum Film

> „demonstrate a basic distrust of emotional response in the name of science, politics, knowledge as a rational enterprise, and this distrust suggests that the only aesthetic that can emerge will be centered of discipline, work, interrogation, and rationality."[191]

---

[189]Roloff, Volker: Le Scénario Freud. In: Lommel, Michael (Hrsg.): Sartre und die Medien. Bielefeld 2008, S. 82.

[190] Diese Einteilung orientiert sich an den Kapiteln des Buches: Felix, Jürgen (Hrsg.): Moderne Film Theorie. Mainz, 3. Auflage, 2007. Ebenso sei verwiesen auf Winter, Rainer: Filmsoziologie. München 1992.

[191] Dudley, Andrew: The neglected tradition of phenomenology in film theory. In: Nichols, Bill (Hrsg.): Movies and Methods. Bd. 2. Berkeley 1985, S. 625.

Unser Anliegen wird nun sein, zu schauen, wie sich in Sartrescher Denktradition der Film, noch vor der kognitiven Verarbeitung und rationalen Interpretation zur Existenz des Menschen verhält. Die bereits angeführten Überlegungen zum Menschen müssen nun in Kontakt mit dem Film treten.
In einer ersten Annäherung soll sich der Begriff des Films vorerst in diesen Überlegungen durch intuitives Verständnis als eine Art von Erlebnis begreifen.

1.2 Allgemeine Überlegungen zur Kunst

Wie dem Bisherigen entnommen werden kann, ist Sartres Auffassung zufolge der menschliche Ausdruck zunächst reiner Appell, und ebenso das Kunstwerk. Es beginnt erst zu existieren, wenn es wahrgenommen, das heißt, wenn sich ihm gegenüber verhalten bzw. positioniert wird. In der Wahrnehmung enthüllen sich, vergleichbar der direkten Sprache als Verweis auf den Körper als Ausdruck des Konkreten und Absoluten, zwei Faktoren: ein sichtbarer und ein verborgener. In ihrer Vereinigung liegt das Schöne:

> „Diese unmögliche und fortwährende Verschmelzung des Wesens und der Existenz gehört weder der Gegenwart noch der Zukunft an, sie zeigt vielmehr die Verschmelzung der Vergangenheit, der Gegenwart und der Zukunft an und bietet sich als *zu vollziehende* Synthese der zeitlichen Totalität dar. Sie ist der Wert der Transzendenz; sie ist das, was man Schönheit nennt.“[192]

Diese Schönheit wird allerdings insofern als mangelhaft erfahren, wie sich das Bewusstsein selbst als Mangel erfährt. Die Schönheit stellt demzufolge etwas Unrealisierbares dar und wird in dem Maße, in welchem sie in der Welt zutage tritt, im imaginären Modus realisiert. Das bedeutet: Das Bewusstsein realisiert jenes imaginäre bzw. schöne Objekt über eine imaginäre Realisierung seiner selbst als Totalität eines An-sich-für-sich. So verweist die Kunst auf besondere Weise auf den Dialog Welt - Mensch. Zudem verweist das Kunstwerk in doppelter Hinsicht auf die menschliche Freiheit, gerade weil das Werk Ausdruck des Künstlers ist: So wie der Künstler im Kunstwerk seiner Freiheit Ausdruck verleiht, muss er diese auch dem Betrachter zugestehen.

---

[192] Sartre (2005) S. 361.

Sartre spekuliert allerdings mit einem Rezipienten

> „der trotz seiner prinzipiellen Freiheit dazu aufgerufen ist, ein Urteil zu formulieren. (…) Die Urteilsbildung als Reaktion auf den Appell, der sich an die Freiheit des Lesers [bzw. Rezipienten T.M.] richte, wird daher für Sartre zum eigentlichen Inhalt der Ästhetik.“[193]

In dieser Verschlingung von Appell und Urteil finden wir den Bezug zum Entwurf und folglich zur Wahrnehmung wieder.

1.3 Virtuelle Biographien

Der Appell richtet sich an den in Situation befindenden Menschen durch eine Begegnung, dem Erlebnis. Die sich im Affekt äußernde Haltung gegenüber der Welt in der konkreten Gegenwart verweist auf die Zeitlichkeit. Der Entwurf in die Zukunft und die damit zusammenhängende in der Gegenwart getroffene Wahl lässt die nicht ergriffenen Möglichkeiten als „tote Möglichkeiten“ erscheinen. Sie sind das für immer situative Nicht-Gewählte.
Nach Lommel (2008) hat Sartre

> „die *Unheimlichkeit* ausgeblendet, die von den unbegangenen Wegen der Lebensreise weiterhin ausgeht, all den Optionen, die das *pour-soi* [Für-sich T.M.] auf seinem Weg durch die Zeit verworfen hat, *the roads not taken.* Diese versammeln sich gleichsam hinter dem Rücken des Subjektes im Gedächtnis – als virtuelle Biographien, die niemals ganz ausgelöscht werden, vielmehr wie Doppelgänger oder Schattenexistenzen persistieren und unser Selbstbild heimsuchen.“[194]

Nach dem bisher Formulierten können wir dieser Aussage nur insofern zustimmen, als dass der Entwurf sich als ein solcher gestalten muss. Dennoch beinhalten diese Sätze Hinweise auf die Schwierigkeiten, sich der Freiheit zu bemächtigen. Die situationsbedingte Wahl verweist auf Schwierigkeiten, sie ist interpretierbar. In Sartres Konzept ist sie vor allem ein Verurteilt-sein, denn es gibt zu ihr keine Alternative.

---

[193] Wittmann, Heiner: Sartre und die Kunst: die Portraitstudien von Tintoretto bis Flaubert. Tübingen 1996, S. 39. Die Zitate sind dem Kontext der Äußerungen über die Aufgabe der Literatur entnommen, doch erscheint es uns, dass sie sich auch auf andere Kunstformen übertragen lassen.
[194] Lommel (2008) S. 13.

Allerdings ließe sich die Möglichkeit der Wahl auch positiv konnotieren, das heißt stets die Freiheit der Möglichkeit der Wahl zu besitzen.
Die Faszination, die sich durch andere, „magische" Welten dem Menschen im Filmerlebnis auftun, können folglich als mögliches Gewähltes, als eine Welt, die potentiell möglich gewesen war bzw. möglich sein wird interpretiert werden. Diese Welten verweisen durch sich als je eigene Gegenwart je nach Intention des Zuschauers in die Vergangenheit, die Zukunft oder in eine alternative Gegenwart und in diesem Sinn auch auf die der Welt anhaftenden Widrigkeitskoeffizienten. So spiegelt der Film die eigene existenzielle Situation des Zuschauers wider, um sich durch dieses Erlebnis selbst zu erkennen.

2. Der Film aus existenz-phänomenologischer Perspektive

2.1 Einleitung

Es gibt verschiedene Arbeiten, die sich mit der Betrachtung des Filmerlebnisses auseinandergesetzt haben.[195] Hier kann allerdings nicht der Raum sein, auf die verschiedenen Autoren einzugehen, die von der Phänomenologie in ihren filmbezogenen Arbeiten beeinflusst worden.[196] Im Folgenden soll deshalb nur auf zwei in engem Verhältnis zu den dargestellten Positionen stehenden Autoren (Maurice Merleau-Ponty und Vivian Sobchack), sowie eines weiteren (Gilles Deleuze), der Anregungen zum Verständnis des Films gibt, Bezug genommen werden. Die folgenden Ausführungen müssen in diesem Kontext genügen, um das Filmerlebnis weiterführend begrifflich fassen zu können.

2.2 Gilles Deleuze

Hinweise, den Film phänomenologisch zu begreifen, finden sich bei Gilles Deleuze, auch wenn sein Beitrag als „Klassifizierungsversuch der Bilder und Zeichen"[197] angelegt ist. Er vertritt die Auffassung, dass der Film primär kein Sprachsystem, sondern der „Bedingung des Aussagbaren und aller Aussage vorgängig"[198] sei. Es bietet sich eine Anschlussfähigkeit an unsere Überlegungen, da Sartre ebenso alle Essenz als Sein des Phänomens auf das Seinsphänomen gründet.

Die Hauptidee, in der Deleuze den Film begrifflich zu fassen sucht, gliedert sich auf in zwei Aspekte: zum Einen begreift er ihn radikal immanent, zum Anderen konsequent zeitlich. Die ihm innewohnende Immanenz ist der Modus, den die kinema-

[195] Aus der fast unzähligen Fülle an Arbeiten zum Film sei hier lediglich ein umfangreiches Werk genannt, welches sich der Figur im Film und auch ihrer Wahrnehmung aus verschiedenen Perspektiven widmet: Eder, Jens: Die Figur im Film. Grundlagen der Figurenanalyse. Marburg 2008.

[196] Zum geschichtlichen Überblick sei vor allem empfohlen Sobchack, Vivian: Film. In: Embree, Lester (Hrsg.): Encyclopedia of Phenomenology. Dordrecht 1997, S. 226-232; Dudley (1985); Robnik (2007); aber auch Sobchack, Vivian: The Adress of the Eye. A Phenomenology of Film Experience. Princeton 1992, sowie Frampton (2006).

[197] Deleuze, Gilles: Das Bewegungsbild. Kino 1. Frankfurt a. M. 1989, S. 11.

[198] Engell, Lorenz; Fahle, Oliver: Film-Philosophie. In: Felix, Jürgen (Hrsg.): Moderne Film Theorie. Mainz, 3. Auflage, 2007, S. 225.

tographische Maschinerie (technischer Apparat, Wahrnehmungsapparat, Denkapparat) produziert. Der Film ist Teil der Welt, doch er stellt sie nicht dar, sondern her. Im Filmerlebnis findet sich ein völlig neuartiger Wahrnehmungs- und Seinsmodus des Ausdrucks.

Die Zeitlichkeit als zweiter Aspekt ist die Art, in welcher sich diese Produktion des Ausdrucksmodus einer Welt vollzieht. Da Zeitlichkeit nicht direkt dargestellt, das heißt erfahrbar gemacht werden kann, bedarf es der Bewegung als Vermittlung.

Folgendes lässt sich daraus erschließen: Die Welt und somit der Film als ihr Produzent ist der sprachlichen Aufschlüsselung schwer und nur näherungsweise zugänglich, denn sie bietet sich als Erlebnis, als ein Prozess, als Zeitlichkeit, als Bewegung dar. Wo sich die Zeit und die Bewegung begrifflich also nur mit der Identität des An-sich fixieren lassen können, werden sie im Film erfahrbar.

Die Welt, die sich dem Zuschauer im Filmerlebnis eröffnet, zeigt sich in verschiedenen Einstellungen, die sich als Figur vor dem Welthintergrund der sich gerade formierenden Welt abheben. Dies verdeutlicht die notwendig eingenommene Position, die den gleichen Attributen unterliegt wie denen des Für-sich in Situation, welche jedoch eine andere, eigene Welt „erfährt". Die Wahrnehmung bezieht sich nun auf Objekte einer anderen Welt, sie „löst sich von ihnen [den Objekten der realen Welt T.M.], um gleichsam eine Reise in der Zeit selbst zu unternehmen."[199] Denn die Objekte, die sich als Figuren auf dem Hintergrund der Leinwand und mit ihr auf dem intuitiven Welthintergrund zeigen, erscheinen nur zeitlich, sie besitzen nicht die Eigenheit des An-sich der Welt, zu sein. So verliert die Welt ihre Gewissheit als Glaube an die Welt, das heißt, als der Bezugspunkt der Wahrnehmung; der Körper ist nicht mehr ihr Zentrum.

Durch verschiedene Einstellungen, in der sich die „andere" Welt im Film zeigt, werden einerseits bewegliche Ausschnitte des Welthintergrundes abgebildet bzw. bilden sich im Filmerlebnis, entgegen beispielsweise der Photographie, die einen (Aus-) Schnitt der Zeit festhält als still gestellte Bewegung. Andererseits definiert sich das Filmerlebnis durch ein geschlossenes System von optischen Daten, die sich auf die genau definierte Darstellungsebene der Leinwand oder des Bildschirms beziehen.

---

[199] Ebd. S.227.

2.3 Maurice Merleau-Ponty

Maurice Merleau-Ponty schrieb 1947 den Artikel: „Le cinéma et la nouvelle psychologie" (Das Kino und die neue Psychologie). Der rein visuelle Film wird darin verstanden als eine zeitliche Form und nicht eine Summe von Bildern, denn der

> „Sinn des Bildes hängt (...) von denen ab, die ihm im Film vorausgehen, und ihre Aufeinanderfolge schafft eine neue Realität, die nicht die schlichte Summe der verwendeten Bestandteile ist."[200]

In der Erweiterung des Tonfilms durch Ergänzung von Worten, Geräuschen und Musik erfährt das zeitliche „Bild" bzw. die Szene eine Komponente, welche die gesamte Gestalt der Situation hin zu einer anderen Situation und somit zu einer neuen Gestalt verändert. So verweist der Film durch die vielfältigen Gestalten, aus denen er besteht auf eine umfassendere Gestalt, die das Gesamte des Films umfasst, auf eine innere Organisation, die ihm durch den Rhythmus der Elemente einen durch den Schöpfer erfundenen Stil verleiht. Die Funktion des Films besteht demnach nicht in der bloßen Mitteilung der Handlungen oder Ideen, sondern vielmehr in der Bedeutung seiner selbst als genau diese Gestalt. Der Film verweist nicht primär auf das Denken, sondern auf die Wahrnehmung, denn die Ausdrucksweisen von Gefühlen wie Schwindel, Freude und Liebe stellen sich in je gleicher visueller Weise dar. So kann das Kino also die Verbindungen des Geistes im Körper zur Welt hervortreten lassen.

> „Wenn also das Kino und die [existenzielle und phänomenologische T.M.] Philosophie übereinstimmen, wenn Reflexion und technische Arbeit dieselbe Richtung nehmen, so deshalb, weil der Philosoph und der Cineast eine bestimmte Art zu sein gemeinsam haben, eine bestimmte Weltsicht, welche diejenige einer Generation ist."[201]

Merleau-Ponty weist allerdings bereits im Werk „Phänomenologie der Wahrnehmung" auf eine Beziehung zum Film hin:

> „Erfaßt im Film die Kamera einen Gegenstand und nähert sich ihm, um ihn in Großaufnahme zu zeigen (...) [wird keine] wirkliche Identifikation [vollzogen], (...) denn die Leinwand hat keinen Horizont. Wenn ich hingegen im Sehen meinen Blick

[200] Merleau-Ponty (2000a) S. 74.
[201] Ebd. S. 82.

> auf eine Einzelheit der Umgebung richte, so belebt und entfaltet sich dieses Detail, und die anderen Dinge rücken an den Rand oder verwischen sich völlig, doch bleiben sie beständig mit da. (…) Der Horizont also ist es, der im Forschen des Blickes die Identität des Gegenstandes gewährleistet, als Korrelat der meinem Blick noch verbleibenden Verfügung über die soeben betrachteten Gegenstände und der ihm zum voraus schon eigenen Verfügung über neue Einzelheiten, die zu entdecken er sich erst anschickt."[202]

In direkter Ergänzung hieran findet sich bei Frampton (2006) der Hinweis, dass der größte Unterschied neben den Gemeinsamkeiten zwischen dem Film (so verstanden als Wahrnehmung) und der menschlichen Wahrnehmung darin besteht, dass die Objekte der Welt des Menschen im Bewusstsein „besitzt" werden, da sie durch den Körper veränderbar sind. Für den Film hingegen bedeutet „ein Objekt zu besitzen", es zu sein. So verweist der Film auf eine Doppelnatur der Wahrnehmung: die Filmwahrnehmung durch den Zuschauer und die „Wahrnehmung" der Objekte durch den Film.

2.4 Vivian Sobchack

Im Anschluss daran war es Vivian Sobchack, die sich wieder intensiver mit der existentiellen Phänomenologie des Films auseinandergesetzt hat. In ihren Arbeiten bezieht sie sich direkt auf Merleau-Pontys Leib-Konzept. Der Film wird hier als Subjekt-Objekt verstanden, als gleichzeitig wahrnehmendes Subjekt und gesehenes Objekt. Somit stellt er die existentiell-leiblich-mechanische Wahrnehmung dar. Erfahrung wird bei Merleau-Ponty gleichzeitig als Ausdruck und Wahrnehmung begriffen, was sich aus dem Aspekt der Gleichzeitigkeit des Körpers als Subjekt und Objekt ergibt. So bedeutet der Film für Sobchack „an expression of experience by experience"[203]; er hat Sinn und macht Sinn. Da der Film als bedeutungsgebend vorausgesetzt wird, - denn die Wahrnehmung konstituiert den Sinn - besitzt er eine „wilde" Bedeutung. Diese Bedeutung drückt sich insofern in der Filmerfahrung aus, als sie als Dialog zweier Subjekt-Objekte, dem Zuschauer und dem Film verstanden wird:

---

[202] Merleau-Ponty (2008) S. 92.
[203] Sobchack (1992) S. 3.

„The film's vision and my own do not conflate, but meet in the sharing of the world and constitute an experience that is not only intrasubjectively dialectical, but also intersubjectively dialogical."[204]

Somit können nach Sobchack die bisher üblichen Metaphern[205] zur Beschreibung des Films nicht verwendet werden, denn diese verweisen auf die Leinwand und den Film als gesehenes Objekt, die gegenseitige Beeinflussung zweier wie in diesem Ansatz postulierter Subjekte wird somit verdrängt.

„For Sobchack, film images plainly, simply, represent a Renaissance perspective: representing the visible as orginated in and organised by an individual, centred subject. The filmgoer thus experiences film as subjective and intentional."[206]

Die Aktivität des Filmkörpers, das Sehen als gesehener Blick ist immanent und sichtbar, es ist dem Zuschauer in gleicher Weise wie das eigene Sehen gegeben.

„The film's vision does not visibly appear as the „other" side of vision (the other's „visual body") but as vision lived through intentionally, introceptively, visually as „mine"."[207]

Der Film bietet sich allerdings nicht von der eigenen Sicht beherrscht, sondern als intentionales Objekt des Blicks. Daraus folgert Sobchack:

„If modes of intentional consciousness correlate and correspond to technical methods, then the film is to cinematic technology as human perception and its expression is to human physiology."[208]

---

[204] Ebd. S. 24.

[205] Vgl. Sobchack (1992) S. 16f.: Der *Rahmen* als Metapher des Film verweist demnach auf einen transzendenten Idealismus, wodurch im Film lediglich auffindbar ist, was hineingelegt wurde. Somit ist er je persönlich determiniert. Das *Fenster* hingegen verweist auf einen transzendenten Realismus, wo die Bedeutung nur außerhalb des Zuschauers, das heißt in dem Kamerastandpunkt liegt. Da Sartre ebenso beide Positionen zu überwinden versucht, sind sie auch für unsere Überlegungen nicht als umfassender Begriff zur Bezeichnung zu gebrauchen. Der *Spiegel* als Synthese dieser beiden Positionen geht auf die psychoanalytische und marxistische Theorie zurück und verweist auf die täuschende und illusorische Funktion. Doch eine phänomenologische Betrachtung muss auch diese Metapher zurückweisen, denn die Bedeutung ist determiniert durch die Kultur und die psychische Struktur. Die in der Zirkularität der Seinsweisen dargestellte Möglichkeit des Ausdrucks im Modus des Für-Andere und die Möglichkeit des Für-sich als Wahrnehmung müssen also auf einer dialogischen Ebene stattfinden.

[206] Frampton (2006) S. 42.

[207] Sobchack (1992) S. 138.

[208] Ebd. S. 166.

Merleau-Ponty zufolge ist die Bewegung die Basis der Intentionalität, die sich durch den Körper ausdrückt. So wird die Filmbewegung in diesem Ansatz als existentielle Funktion des Filmkörpers betrachtet – der Sinn richtet sich gegen die von Deleuze vorgeschlagene zeitliche Dimension.

Der Filmkörper besteht aus den Gerätschaften. Dem Projektor kommt als Äquivalenz zum Fleisch des menschlichen Körpers, welches die Gesten als Wahrnehmung und Ausdruck entstehen lässt, eine vergleichbare Aufgabe zu: Die subjektive Wahrnehmung wird in objektivem Ausdruck formuliert. Zudem erhält er aber noch eine weitere Dimension:

> „However, what we do not see in such a representation is that excess of the film's body which is materially, but not visibly, lived and experienced as significant. Perception of the lived-body by the same lived-body is synoptic and synaesthetic."[209]

Der so verstandene Filmkörper darf aber nicht mit dem menschlichen Körper gleichgesetzt werden, er ist vielmehr "a higher-level body than the physical."[210]

[209] Ebd. S. 224.

[210] Frampton (2006) S. 43.

V. Konklusion – Das Filmerlebnis im Anschluss an Jean-Paul Sartre

Die existenz-phänomenologische Betrachtung des Filmerlebnisses aus Sartrescher Perspektive kann sich nun folgendermaßen formulieren: In Abgrenzung zu Vivian Sobchack[211], die den Film in Anlehnung an die Prämissen Merleau-Pontys als Filmkörper betrachtet hat, soll der Film nun verstanden werden als sichtbare und somit erfahrbare Art von Intentionalität, eine Art Subjektivität, die in der phänomenologischen Untrennbarkeit von Welt und Bewusstsein auf die Komponente der Fixierung einer Figur innerhalb des Grundes des Sichtfeldes verzichten muss[212], aber gerade dadurch an den Zuschauer appelliert, diese Leistung zu vollführen. Das bedeutet, dass der Film als An-sich, als ein Objekt der Welt mit den Mitteln des Für-sich arbeitet. Doch diese Mittel sind begrenzt, insofern sie nicht die Freiheit des Zuschauers als Möglichkeiten der Wahl (als durch den Körper vermittelte) erscheinen lassen, die Dinge zu verändern, sondern nur die Freiheit des Bewusstseins als affektives, als emotionales transzendieren, wie es sich bei der Betrachtung der Wahrnehmung qualifiziert hat. Natürlich bleibt dem Bewusstsein die Freiheit, sich dem Geschehen zu entziehen, indem es sich offensiv abwendet, doch nur um den Preis, die sich emotional auftuende Welt wieder zu verlassen. Der Film stellt somit einen Appell an die Freiheit dar, sich ihm gegenüber zu verhalten, sich ihm gegenüber zu positionieren, unter der Bedingung, eine magische Welt mit anderen affektiven Widrigkeitskoeffizienten zu erleben. Wichtig wird in diesem Kontext, dass der Betrachter sich bewusst engagiert, den Körper als „stillschweigend Übergangenes" im Bezug auf die real ihn umgebende Welt zu erhalten und in die visuelle und akustische Welt des Films einzustimmen, den Körper also als Übersetzung der dargestellten Welt in die ihn körperlich umgebende Welt durch die emotionalen Reaktionen zu gebrauchen. Der Appell

[211] Wie Frampton (2006) ausführt, bürgt die im Konzept des Filmkörpers vorgeschlagene Terminologie Probleme: Wo bei Merleau-Ponty der Film Hinweise gibt auf die Verbindung von Geist, Körper und Welt und der jeweilige Ausdruck des einen im anderen, sind Filmintention, verstanden als Wahrnehmung und Ausdruck des Filmkörpers und Filmwelt eins. Somit kann die anthropomorphe Begrifflichkeit den Film nicht adäquat fassen.

[212] Vgl. Sobchack (1992) S. 241: „Despite the film's similarly structured intentional interest in the visible world, and despite the similar function of its material body in accomplishing perception and its expression, the film's *intentional interest* and *perceptual accomplishment* are not identical to or isomorphic with those of the human body it is pretending to be."

des Films realisiert sich demnach ähnlich dem eines Bildes oder einer Fotographie in der Zeit, im Entdecken neuer Aspekte; im Filmerlebnis erfolgt die Zustimmung zur sich eröffnenden Welt allerdings anhand einer umfassenderen „Besitznahme", eines umfassenderen Engagements des Bewusstseins, das heißt die Gestalt, die sich dem Bewusstsein bietet, in die es sich engagiert, entspricht der Struktur eines Bewusstseins als Verweis auf etwas anderes als sich selbst. Die „Verurteilung" zu einem willentlichen Entwurf einer sich mit Bedeutungen und somit entsprechenden Widrigkeitskoeffizienten darbietenden „realen" Welt, die auf ein Engagement des Körpers verweist, wird im Filmerlebnis als ein Eintauchen in eine magische Welt bewusst und in der Absicherung des In-einer-anderen-Welt-seiend vollzogen. Im Sartreschen Sinn muss sich dieses Engagement des Menschen im Filmerlebnis als Versuch des Bewusstseins verstehen, sich zu einem An-sich-für-sich zu erheben. Doch durch den Verweis auf den Körper als Diesseitiges, den der Horizont der konkreten Situation immer behält, kann sich nicht gänzlich im Film „verloren" werden. Je mehr der Zuschauer sich in die dargestellte Welt engagiert, je mehr er sich „gefangen nehmen lässt", desto mehr erlebt es diese Welt. Doch durch die Gewissheit des begrenzten Sichtfeldes und die körperlichen Möglichkeiten ist der Verweis auf das Diesseits in dem Maße vorhanden, wie der Körper sich als das Unhintergehbare darstellt. Somit bewahrt sich die Freiheit des Zuschauers in dem Unterfangen, die wahrgenommenen Gestalten des Films zu entziffern und verweist auf das Engagement, sich dieser Situation auszusetzen. Der Entwurf, welcher der Wahrnehmungssituation des Filmerlebnisses zugrunde liegt, lässt den Film für jeden Betrachter und für jede Situation verschieden sein. Der Entwurf stützt sich auf einen Glauben. Die Unaufrichtigkeit eröffnet hier, als eine Art des Glaubens in ihrer Art, sich von Entschlüssen statt von Überzeugungen leiten zu lassen, die Möglichkeit, im Film noch mehr zu sehen als einen scheiternden Versuch der Erreichung des An-sich-für-sich. So kann das Verhältnis der „Gefangennahme" durch das Filmerlebnis verglichen werden mit falschen Emotionen:

> „Bei den unterschiedlichen Fällen falscher Emotionen (...) werden die Verhaltensweisen durch nichts gestützt, sie existieren allein und sind willentlich. Aber die Situation ist wahr, und wir begreifen sie als etwas, was diese Verhaltensweisen fordert. So intendieren wir magisch über diese Verhaltensweisen bestimmte Qualitäten an wahren Gegenständen. Aber diese Qualitäten sind falsche."[213]

---

[213] Sartre (1994b) S. 303.

Allerdings sind die Qualitäten insofern „richtig“, als dass sie sich aus der dargebotenen Gestalt des Films als wahre erleben, das heißt, der Zuschauer stimmt ein, die fehlenden Komponenten der Gestalt (die konkrete Figurenbildung innerhalb des Grundes des Sichtfeldes der dargebotenen Intentionalität, die ein An-sich ist) selbst zu realisieren. Diese Zustimmung wird gewissermaßen von den virtuellen Biografien genährt und stellt unserer Meinung nach die Attraktivität des Filmerlebnisses dar. Die Haltung gegenüber der Welt, die sich im Filmerlebnis darbietet, so sind wir der Meinung, lässt sich nun in den Kategorien der Haltung gegenüber dem Andern ausdrücken: Zum Einen kann sich das eigene Verständnis der magischen Welt gegenüber so verstehen, das heißt also, sich ihr gegenüber so entwerfen, dass bewusst eingestimmt wird, sich leiten zu lassen. Das bedeutet, die Fähigkeit, sich im Modus der Subjektivität zu erhalten wird bewahrt, um die sich darbietende Welt kritisch zu betrachten. Dies entspricht der Haltung des Für-sich gegenüber einem in diesem Fall besonderen An-sich. Die sich im Filmerlebnis darstellenden Figuren beispielsweise werden als Elemente einer besonderen Welt betrachtet und somit als Objekte interpretiert, die eine emotionale Zuwendung erlauben, wie es in der zweiten Haltung der konkreten Beziehungen gegenüber dem Anderen dargestellt wurde: als Gleichgültigkeit, als Begierde, als Hass oder als Sadismus. In einem anderen Entwurf als zweiter Möglichkeit der Positionierung, der beschriebenen ersten Haltung gegenüber dem Andern (der Liebe, der Sprache, dem Masochismus) und folglich gegenüber der Welt und der eigenen Subjektivität als Objektivität liegt der Anspruch vielmehr darin, im Filmerlebnis einen Versuch zu erkennen, sich der Verantwortung der eignen Subjektivität, das „Zuviel“ des Für-sich zu entledigen, das heißt sich selbst im Glauben des Modus des An-sich verstehend (da offensichtlich passiv in der Gestaltung der Welt, ähnlich dem Hegelschen Knecht), in die Intentionalität des Films einzutauchen (der sich aber dem betrachtenden Bewusstsein als ein Objekt der Welt darstellt). Diese grundlegenden Haltungen gegenüber der Welt können sich im Laufe des Erlebnisses ständig abwechseln, doch bleibt in Sartrescher Terminologie keine Alternative zu diesen zirkulären Verhaltensweisen.

VI. Schluss

In einer Reflexion über das Filmerlebnis als Phänomen zwischen Film (im formulierten Sinn) und dem Zuschauer aus der hier angeführten existenz-philosophischen Position Jean-Paul Sartres bildet sich das Urteil aus dem affektiv (verbal und nonverbal) Erfahrenen. Der Beitrag, den diese Position folglich bereitstellen kann, ist die Ordnung des Erlebnisses in den angeführten Kategorien, die aufschlussreiche Hinweise über den persönlichen Entwurf geben können und in verschiedenen Begriffen formulierbar sind. Eine solche Analyse muss die szenischen Darstellungen und die ihnen zugehörigen affektiven Reaktionen beinhalten. So kann dem Filmerlebnis, verstanden als existentielle Situation auf verschiedenen Ebenen begegnet werden. Kompetenz im Umgang mit ihnen muss sich aus dieser Perspektive also verstehen als Bewusstheit um die Mechanismen ihrer Wirkung. Wichtig hierbei erscheint es uns, zu betonen, dass ihnen nur der Einfluss zugesprochen werden kann, von dem angenommen, das heißt geglaubt wird, dass Filme ihn besitzen. Eine umfassende Analyse des Filmerlebnisses verweist zusätzlich auf die geschichtliche Situation, der in Anschluss an Sartre den historischen, also überindividuellen und den individuellen Hintergrund der sich abzeichnenden Figuren berücksichtigen muss. In diesem Sinn soll sich die vorliegende Studie, basierend auf einem Menschenbild, was sich als radikal frei begreift, als Ergänzung bzw. als Diskussionspartner zu anderen Konzepten begreifen, die sich dem Umgang mit Medien verschrieben haben.

An die hier formulierten Überlegungen als Grundlage muss sich nun eine differenzierte Phänomenologie der Emotionen anschließen, wie sie sich bei Sartre (1994b) und im oben formulierten Kontext der Beziehung zum Anderen in Sartre (2005) angedeutet finden. Doch dies kann nicht mehr Teil der vorliegenden Studie sein.

VII. Literaturverzeichnis

Baba, Teodor Bernardus: Der Mensch - die Philosophie - die Geschichte. Jean-Paul Sartres Anthropologie als Metaphysik der Vernichtung. Göttingen 2006

Behnke, Elizabeth, A.: Body. In: Embree, Lester (Hrsg.): Encyclopedia of Phenomenology. Dordrecht 1997, S. 66-71

Berner, Hans: Aktuelle Strömungen in der Pädagogik und ihre Bedeutung für den Erziehungsauftrag der Schule. Bern 1994

Berner, Hans: Über-Blicke - Ein-Blicke. Pädagogische Strömungen durch vier Jahrzehnte. Bern 2006

Blech, Thomas: Bildung als Ereignis des Fremden. Freiheit und Geschichtlichkeit bei Jean-Paul Sartre. Marburg 2001

Caws, Peter: Der Ursprung der Negation. In: Schumacher, Bernard N. (Hrsg.): Jean-Paul Sartre. Das Sein und das Nichts. Klassiker Auslegen, Bd. 22. Berlin 2003, S. 45-62

Compton, John J.: Existential Phenomenology. In: Embree, Lester (Hrsg.): Encyclopedia of Phenomenology. Dordrecht 1997, S. 205-209

Dandyk, Alfred: Unaufrichtigkeit. Die existentielle Psychoanalyse Sartres im Kontext der Philosophiegeschichte. Würzburg 2002

Daniels, Graham: Sartre and Merleau-Ponty. An existential quarrel. In: Toadvine, Ted (Hrsg.): Merleau-Ponty. Critical Assessments of Leading Philosophers. Bd. 1. Abingdon 2006, S. 267-280

Deleuze, Gilles: Das Bewegungsbild. Kino 1. Frankfurt a. M. 1989

Deleuze, Gilles: Das Zeitbild. Kino 2. Frankfurt a. M. 1997

Dillon, M.C.: Merleau-Ponty's Ontology. Bloomington 1988

Dillon, M.C.: Perception after Husserl. In: Embree, Lester (Hrsg.): Encyclopedia of Phenomenology. Dordrecht 1997, S. 513-517

Dudley, Andrew: The neglected tradition of phenomenology in film theory. In: Nichols, Bill (Hrsg.): Movies and Methods. Bd. 2. Berkeley 1985, S. 625-632

Eder, Jens: Die Figur im Film. Grundlagen der Figurenanalyse. Marburg 2008

Embree, Lester: Gestalt Psychology. In: Embree, Lester (Hrsg.): Encyclopedia of Phenomenology. Dordrecht 1997, S. 276-281

Engell, Lorenz; Fahle, Oliver: Film-Philosophie. In: Felix, Jürgen (Hrsg.): Moderne Film Theorie. Mainz, 3. Auflage, 2007, S. 222-240

Flynn, Thomas: Die konkreten Beziehungen zu Anderen. In: Schumacher, Bernard N. (Hrsg.): Jean-Paul Sartre. Das Sein und das Nichts. Klassiker Auslegen, Bd. 22. Berlin 2003, S. 177-193

Frampton, Daniel: Filmosophy. London 2006

Fretz, Leo: Die Transzendenz. In: Schumacher, Bernard N. (Hrsg.): Jean-Paul Sartre. Das Sein und das Nichts. Klassiker Auslegen, Bd. 22. Berlin 2003, S. 117-134

Fuhr, Reinhard; Gremmler-Fuhr, Martina: Gestalt-Ansatz. Grundkonzepte und -modelle aus neuer Perspektive. Köln 2002

Haug, Wolfgang Fritz: Jean Paul Sartre und die Konstruktion des Absurden. Hamburg 1991

Hegel, Georg Wilhelm Friedrich: Phänomenologie des Geistes. München 2009

Hengelbrock, Jürgen: Jean Paul Sartre. Freiheit als Notwendigkeit. Freiburg 2005

Holmes, Richard: Jean-Paul Sartre. In: Embree, Lester (Hrsg.): Encyclopedia of Phenomenology. Dordrecht 1997, S. 620-623

Honneth, Axel: Die Gleichursprünglichkeit von Anerkennung und Verdinglichung. Zu Sartres Theorie der Intersubjektivität. In: Schumacher, Bernard N. (Hrsg.): Jean-Paul Sartre. Das Sein und das Nichts. Klassiker Auslegen, Bd. 22. Berlin 2003, S. 135-157

Janssen, Paul: Die Genesis des Seins des intentionalen Bewusstseins. In: Schumacher, Bernard N. (Hrsg.): Jean-Paul Sartre. Das Sein und das Nichts. Klassiker Auslegen, Bd. 22. Berlin 2003, S. 21-43

Kampits, Peter: Grundlose Freiheit. In: Schumacher, Bernard N. (Hrsg.): Jean-Paul Sartre. Das Sein und das Nichts. Klassiker Auslegen, Bd. 22. Berlin 2003, S. 211-225

Kampits, Peter: Jean Paul Sartre. München 2004

Knapp, Lothar: Das Bild und das Imaginäre. Sartres Schriften L'Imagination (1936), L'Imaginaire (1940) und Un théâtre de situations (1973). In : Michael Lommel (Hrsg.): Sartre und die Medien. Bielefeld 2008, S. 157-172

Knecht, Ingbert: Theorie der Entfremdung bei Sartre und Marx. Meisenheim 1975

Kockelmans, Joseph J.: Existentialism. In: Embree, Lester (Hrsg.): Encyclopedia of Phenomenology. Dordrecht 1997, S. 209-213

Lembeck, Karl-Heinz: Einführung in die phänomenologische Philosophie. Darmstadt 1994

Lévy, Bernard-Henry: Sartre. Der Philosoph des 20. Jahrhunderts. München 2005

Lommel, Michael: Sartre und… Elemente zur Einleitung. In: Lommel, Michael (Hrsg.): Sartre und die Medien. Bielefeld 2008, S. 11-22

Merleau-Ponty, Maurice: Die Struktur des Verhaltens. Berlin 1976

Merleau-Ponty, Maurice: Das Kino und die neue Psychologie. In: Merleau-Ponty, Maurice: Sinn und Nicht-Sinn. München 2000a, S. 65-82

Merleau-Ponty, Maurice: Der Streit um den Existenzialismus. In: Merleau-Ponty, Maurice: Sinn und Nicht-Sinn. München 2000b, S. 94-110

Merleau-Ponty, Maurice: Das Primat der Wahrnehmung. Frankfurt a. M. 2003

Merleau-Ponty, Maurice: Phänomenologie der Wahrnehmung. Berlin, 6. Auflage, 2008

Merle, Jean-Christophe: Die existentielle Psychoanalyse als moralische Klassifizierung? In: Schumacher, Bernard N. (Hrsg.): Jean-Paul Sartre. Das Sein und das Nichts. Klassiker Auslegen, Bd. 22. Berlin 2003, S. 228-243

Mickunas, Algis: Emotion. In: Embree, Lester (Hrsg.): Encyclopedia of Phenomenology. Dordrecht 1997, S. 171-177

Pieper, Annemarie: Freiheit als Selbstinitiation. In: Schumacher, Bernard N. (Hrsg.): Jean-Paul Sartre. Das Sein und das Nichts. Klassiker Auslegen, Bd. 22. Berlin 2003, S. 195-210

Pietersma, Henry: Maurice Merleau-Ponty. In: Embree, Lester (Hrsg.): Encyclopedia of Phenomenology. Dordrecht 1997, S. 457-461

Prechel, Peter (Hrsg.): Metzler-Philosophie-Lexikon. Begriffe und Definitionen. Stuttgart 1991

Renaut, Alain: „Von der Subjektivität ausgehen". Bemerkungen zur Transformation des Subjekts bei Jean-Paul Sartre. In: Schumacher, Bernard N. (Hrsg.): Jean-Paul Sartre. Das Sein und das Nichts. Klassiker Auslegen, Bd. 22. Berlin 2003, S. 85-99

Robnik, Drehli: Körper-Erfahrung und Film-Phänomenologie. In: Felix, Jürgen (Hrsg.): Moderne Film Theorie. Mainz, 3. Auflage, 2007, S. 246-280

Roedig, Andrea: Was ist falsch am Existenzialismus? In: Knopp, Peter (Hrsg.): Existenzialismus heute. Berlin 1999, S. 131-145

Roloff, Volker: Le Scénario Freud. In: Lommel, Michael (Hrsg.): Sartre und die Medien. Bielefeld 2008, S. 79-106

Santoni, Ronald E.: „Unaufrichtigkeit" - Klärung eines Begriffs in Das Sein und das Nichts. In: Schumacher, Bernard N. (Hrsg.): Jean-Paul Sartre. Das Sein und das Nichts. Klassiker Auslegen, Bd. 22. Berlin 2003, S. 63-84

Sartre, Jean-Paul: Der Ekel. Berlin 1985

Sartre, Jean-Paul: Die Imagination. In : von Wroblewsky, Vincent (Hrsg.): Jean-Paul Sartre. Philosophische Schriften 1. Die Transzendenz des Ego. Philosophische Essays 1931-1939. Bd. 1. Reinbeck bei Hamburg 1994a

Sartre, Jean-Paul: Skizze einer Theorie der Emotionen. In: von Wroblewsky, Vincent (Hrsg.): Jean-Paul Sartre. Philosophische Schriften 1. Die Transzendenz des Ego. Philosophische Essays 1931-1939. Bd. 1. Reinbeck bei Hamburg 1994b

Sartre, Jean-Paul: Das Imaginäre. In: von Wroblewsky, Vincent (Hrsg.): Jean-Paul Sartre. Philosophische Schriften 1. Das Imaginäre. Bd. 2. Reinbeck bei Hamburg 1994c

Sartre, Jean-Paul: Der Existenzialismus ist ein Humanismus. In: von Wroblewsky, Vincent (Hrsg.): Jean-Paul Sartre. Philosophische Schriften 1. Der Existenzialismus ist ein Humanismus, Materialismus und Revolution, Selbstbewusstsein und Selbsterkenntnis und andere philosophische Essays 1943-1948. Bd. 4. Reinbeck bei Hamburg 1994d

Sartre, Jean-Paul: Das Sein und das Nichts. In: von Wroblewsky, Vincent (Hrsg.): Jean-Paul Sartre. Philosophische Schriften. Bd. 3. Reinbeck bei Hamburg, 11. Auflage, 2005

Schumacher, Bernard N.: Phänomenologie des menschlichen Körpers. In: Schumacher, Bernard N. (Hrsg.): Jean-Paul Sartre. Das Sein und das Nichts. Klassiker Auslegen, Bd. 22. Berlin 2003a, S. 159-176

Schumacher, Bernard N.: Philosophie der Freiheit: Einführung in Das Sein und das Nichts. In: Schumacher, Bernard N. (Hrsg.): Jean-Paul Sartre. Das Sein und das Nichts. Klassiker Auslegen, Bd. 22. Berlin 2003b, S. 1-19

Seibert, Thomas: Existenzialismus. Hamburg 2000

Strasser, Stephan (Hrsg.): Husserl, Edmund. Husserliana. Cartesianische Meditationen und Pariser Vorträge. Bd.1. Dordrecht 1950

Sobchack, Vivian: The Adress of the Eye. A Phenomenology of Film Experience. Princeton 1992

Sobchack, Vivian: Film. In: Embree, Lester (Hrsg.): Encyclopedia of Phenomenology. Dordrecht 1997, S. 226-232

Suhr, Martin: Sartre zur Einführung. Hamburg, 2. Auflage, 1989

Suhr, Martin: Jean Paul Sartre zur Einführung. Hamburg, 2. Auflage, 2004

Theunissen, Michael: Theorie der Temporalität. In: Schumacher, Bernard N.: Jean-Paul Sartre. Das Sein und das Nichts. Klassiker Auslegen, Bd. 22. Berlin 2003, S. 101-116

Thurnherr, Urs (Hrsg.): Lexikon Existenzialismus und Existenzphilosophie. Darmstadt 2007

von Wroblewsky, Vincent: Jean-Paul Sartre – Ein Engagement für die Freiheit. In: Knopp, Peter (Hrsg.): Existenzialismus heute. Berlin 1999, S. 11-35

Wenninger, Gerd (Red.): Lexikon der Psychologie. In fünf Bänden. Bd. 3. Heidelberg, Berlin 2001

Whitford, Margaret: Merleau-Ponty's critique of Sartre. An interpretative account. In: Toadvine, Ted (Hrsg.): Merleau-Ponty. Critical Assessments of Leading Philosophers. Bd. 1. Abingdon 2006, S. 294-306

Wild, Gerhard: „Some of these days, you'll miss me honey". Überlegungen zur Medialität subjekthafter Schöpfung beim frühen Sartre. In: Michael Lommel (Hrsg.): Sartre und die Medien. Bielefeld 2008, S. 173-189

Winter, Rainer: Filmsoziologie. München 1992

Wittmann, Heiner: Sartre und die Kunst: die Portraitstudien von Tintoretto bis Flaubert. Tübingen 1996

Zahavi, Dan: Phänomenologie für Einsteiger. Paderborn 2007

Abonnement

Hiermit abonniere ich die Reihe **Body-Feeling und Body-Bildung (ISSN 1867-6243),** herausgegeben von Cornelia Muth und Annette Nauerth,

❐ ab Band # 1

❐ ab Band # ___

  ❐ Außerdem bestelle ich folgende der bereits erschienenen Bände:

  #___, ___, ___, ___, ___, ___, ___, ___, ___, ___, ___, ___

❐ ab der nächsten Neuerscheinung

  ❐ Außerdem bestelle ich folgende der bereits erschienenen Bände:

  #___, ___, ___, ___, ___, ___, ___, ___, ___, ___, ___, ___

❐ 1 Ausgabe pro Band ODER ❐ ___ Ausgaben pro Band

Bitte senden Sie meine Bücher zur versandkostenfreien Lieferung innerhalb Deutschlands an folgende Anschrift:

Vorname, Name: ______________________________

Straße, Hausnr.: ______________________________

PLZ, Ort: ______________________________

Tel. (für Rückfragen): ______________ *Datum, Unterschrift:* ______________

Zahlungsart

❐ *ich möchte per Rechnung zahlen*

❐ *ich möchte per Lastschrift zahlen*

bei Zahlung per Lastschrift bitte ausfüllen:

Kontoinhaber: ______________________________

Kreditinstitut: ______________________________

Kontonummer: ______________ Bankleitzahl: ______________

Hiermit ermächtige ich jederzeit widerruflich den *ibidem*-Verlag, die fälligen Zahlungen für mein Abonnement der Reihe **BODY-FEELING UND BODY-BILDUNG** von meinem oben genannten Konto per Lastschrift abzubuchen.

Datum, Unterschrift: ______________________________

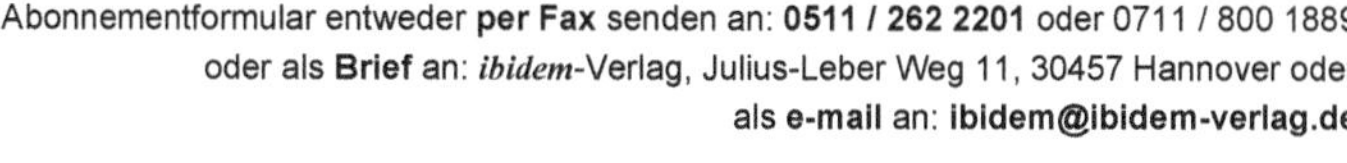

Abonnementformular entweder **per Fax** senden an: **0511 / 262 2201** oder 0711 / 800 1889
oder als **Brief** an: *ibidem*-Verlag, Julius-Leber Weg 11, 30457 Hannover oder
als **e-mail** an: **ibidem@ibidem-verlag.de**

ibidem-Verlag

Melchiorstr. 15

D-70439 Stuttgart

info@ibidem-verlag.de

www.ibidem-verlag.de
www.ibidem.eu
www.edition-noema.de
www.autorenbetreuung.de

Zeitfracht Medien GmbH
Ferdinand-Jühlke-Straße 7
99095 Erfurt, Deutschland
produktsicherheit@kolibri360.de